김정희와 함께하는

플라워 디자인

국_가_기_술_자_격_시_험_대_비_**실_기_종_합_편**

김정희와 함께하는

플라워디자인

김정희 지음

도서출판 **42 애비뉴**

머리말

저자가 꽃과 함께 한 40년의 세월 속에는 화훼 관련 분야도 다양해지고, 화훼 산업은 라이프 산업의 중심축으로 급속하게 자리를 잡아가고 있으며, 플로리스트의 필요성도 점차 높아지고 있다. 그렇기 때문에 플로리스트들의 다양한 기본 지식이 바탕이 되어 기능성과 예술성을 갖춘 종합 예술의 필요성이 시급한 것이다. 그래서 이 책을 출간하게 되었다. 먼저 플로리스트가 되기 위해서는 절화, 관엽, 나무 소재 등의 다양한 소재를 활용하여 부가가치가 높은 작품으로 제작할 줄 알아야 한다.

이 책은 플로리스트를 위한 '플라워 디자인'들로 구성되어 있다. 어렌지먼트, 핸드타이드, 부케, 리스, 테이블 장식, 식물 심기, 동양꽃꽂이, 공간 장식, 플라워콜라주아트 등의 기초부터 응용 단계까지 다양한 작품과 제작 과정의 사진이 상세하게 실려 있다. 또한 소재를 효율적으로 활용하는 방법과 디자인의 가치를 최대한 살릴 수 있는 제작 방법과 작업 노하우도 수록하였다.

화훼장식기능사/기사 및 기능경기대회 등의 국가기술자격 실기시험을 준비하는 수험생들한테 꼭 필요한 노하우와 작업 기술도 함께 수록하였다.

끝으로 이 책을 펴내는데 자료를 제공해 주신 교수님과 작품을 위해 애써 주신 모든 분들께 감사를 드리며 꽃을 사랑하는 화훼 관련 종사자 및 수험생, 독자 여러분들께 많은 도움이 되길 바랍니다.

저자 올림

차례

머리말 / 5

PART _1 어렌지먼트

1. 웨스턴 디자인

(1) 웨스턴 디자인의 개요	12
(2) 웨스턴 디자인의 형태와 분류	12
(3) 꽃의 형태	13
(4) 웨스턴 디자인의 제작시 유의사항	14
(5) 웨스턴 디자인의 원칙과 기법	15
분류* 삼각형(Triangle style)	18
정방형(Square style)	20
수직형(Vertical style)	22
인버티드 T형(Inverted T style)	24
피라미드형(Pyramid style)	26
대각선형(Diagonal style)	27
L자형(L shape style)	28
수평형(Horizontal style)	30
크레센트형(Cresent style)	32
S자형(Hogarth style)	34
반구형(Dome style)	36
오벌형(Oval style)	38
다이아몬드형(Diamond style)	40
부채형(Fan style)	42
원추형(Cone style)	44
스프레이형(Spray style)	46
피닉스형(Phoenix style)	48
워터풀형(Waterfall style)	49

병렬형(Parallel style) 50
뉴 컨벤션(New Convention) 52
래핑(Wrapping) 54
밴딩(Banding) 55
파베(Pave) 56
그루핑(Grouping) 57

2. 유러피언 디자인
(1) 유러피언 디자인의 개요 58
(2) 유러피언 디자인의 분류 58
(3) 유러피언 디자인의 원리 58
(4) 생장점 59
(5) 식물의 표면 구조 59
(6) 꽃의 조형 형태 60
분류* 구조적 디자인 61
식생적 디자인 76
병행적 디자인 77
선형적 디자인 78

PART _2 핸드타이드

1. 핸드타이드의 개요 82
2. 핸드타이드의 종류 82
3. 핸드타이드의 제작 과정 83
4. 핸드타이드의 제작시 유의사항 84
분류* 원형(Round style) 85
원추형(Cone style) 88
활형(Bow style) 89
수평형(Horizontal style) 90
구조형(Structured style) 92

PART _3 부케

1. 부케의 개요 104
2. 부케의 종류 104
3. 와이어링 기법(철사를 다루는 방법) 105
4. 와이어링 이후의 처리방법 108
5. 부케의 제작시 유의사항 109
6. 코르사주(Corsage) 109
7. 부토니어(Boutonnière) 109

분류* 원형(Round style) 110
초승달형(Cresent style) 112
캐스케이드형(Cascade style) 114
삼각형(Triangle style) 115
구조형(Structured style) 116
코르사주(Corsage) 124

PART _4 리스

1. 리스의 개요 126
2. 리스의 특징 126
3. 리스의 종류 127
4. 리스의 제작시 유의사항 127

분류* 곱슬버들 프레임의 응용 128
말채 프레임의 응용 130
링 플로랄폼의 응용 131
대나무 프레임의 응용 137

PART _5 테이블 장식

1. 테이블 장식의 개요 140
2. 테이블 장식의 종류 140
3. 테이블 장식의 제작시 유의사항 141
분류* 화살나무 프레임의 응용 142
등라인 프레임의 응용 143
말채 프레임의 응용 144
마디초 프레임의 응용 151
컬러와이어 프레임의 응용 153

PART _6 식물 심기

1. 식물 심기의 개요 156
2. 식물 심기의 종류 156
3. 식물 심기의 제작시 유의사항 157
분류* 화살나무 프레임의 응용 158
다래넝쿨 프레임의 응용 160
느티나무 프레임의 응용 161
말채 프레임의 응용 162

PART _7 동양꽃꽂이

1. 동양꽃꽂이의 개요 166
2. 동양꽃꽂이와 관련된 용어 166
3. 동양꽃꽂이에서의 가위질 역할 168
4. 동양꽃꽂이의 화형 168
분류* 직립형 169
경사형 171
하수형 172
분리형 173
복형 174
자유형 175

PART _8 공간 장식

1. 공간 장식의 개요 178
2. 공간별 장식 방법 178
3. 공간 장식에서 주로 사용하는 꽃 소재 179
4. 공간 장식의 제작시 유의사항 179
분류* 실기대비 180
조형미 표현 193

PART _9 플라워콜라주아트

1. 플라워콜라주아트의 개요 204
2. 플라워콜라주아트의 제작시 유의사항 204
분류* 플라워콜라주아트 작품 소개 205

PART _10 출전작품

2010년 아시아플라워 한국대회선발전 출전작품 230
2009년 인터플로라 한국대회선발전 출전작품 231
2010년 코리아플라워대회 출전작품 233
2013년 코리아플라워대회 출전작품(금상) 235
2014년 코리아플라워대회 출전작품(동상) 237
2014년 코리아플라워대회 출전작품 239
2015년 코리아플라워대회 출전작품(금상) 241
2006년 코리아플라워대회 출전작품(금상) 242

부록

화훼장식기사 실기 출제기준 244
화훼장식기능사 실기 출제기준 246
국가기술자격 실기시험 공개문제 248
자격검정별 평가기준 A to Z 255
참고문헌 256

PART 1_

어렌지먼트

Arrangment

웨스턴 디자인
(Western Style)

1. 웨스턴 디자인의 개요

웨스턴 디자인은 고대 이집트 시대부터 내려오던 유럽 전통의 디자인 스타일을 말한다. 영국의 영향을 받은 웨스턴 디자인은 미국을 중심으로 발달했었기에 '웨스턴 스타일(Western Style)' 혹은 '아메리칸 스타일(American Style)'이라고도 한다. 웨스턴 디자인은 기하학적인 구성법으로 전체적인 형태와 색채를 중요시 하고 장식적 기능과 함께 상업적인 소득 증대의 기능을 가지고 있다.

2. 웨스턴 디자인의 형태와 분류

웨스턴 디자인은 꽃이 갖고 있는 모양과 색깔의 아름다움을 그대로 재현할 뿐만 아니라 인공적인 기교가 가미된 원형, 타원형 등의 기하학적 디자인으로 꽂거나 양감적인 디자인으로 다음과 같이 분류할 수 있다.

(1) 기하학적 전통 디자인

1) 직선적 구성 : 수직형, L자형, 역 T자형, 대각선형, 삼각형, 수평형 등
2) 매스 구성 : 부채꼴형, 원형, 타원형 등
3) 곡선 구성 : 초승달형, S자형 등
4) 입체 구성 : 반구형, 구형, 원추형, 피라미드형, 자연줄기형 등

(2) 전통적 디자인의 양식

1) 전통적 디자인

비더마이어(Biedermeier), 밀 드 플레(Mile de Fleur), 워터폴형(Waterfall), 피닉스형(Phoenix), 플레미시(Flemich)

2) 자연적 디자인

한 종류의 식물 위주로 생장하는 과정을 관찰하여 줄기와 잎, 뿌리 등 식물의 일대기를 표현하여 제작한다.

(예) 방사하는 생장형(Radial), 병행하는 생장형(Parallel), 정원식(Landscape), 보태니컬(Botanical)

3) 선형 디자인

선형 디자인은 선적인 소재로 여백의 미를 살려내며, 대칭과 비대칭의 질서를 유지하여 선의 명확한 형태를 표현하는 구성을 말한다.

(예) 포멀 리니어(Formal Liner)

4) 실험적인 디자인

실험적인 디자인은 소재가 지닌 자연적 질감(예 : 부드러운 느낌, 거친 느낌 등)을 표현하는 디자인이다.

(예) 필로잉(Pinowing), 뉴 웨이브(New Wave), 추상적(Abstract), 파베(Pave)

(3) 모던 스타일

모던 스타일(Modern Style)은 유럽을 중심으로 유행했다. 고전적인 형식을 따르지 않고 식물을 자연 속의 생장형 모습으로 표현하거나 조형적이면서 현대적인 디자인을 말한다.

3. 꽃의 형태

꽃과 잎의 모양이나 형태에 따라서 강조, 리듬, 조화, 통일 등의 시각적인 효과가 다르므로 디자인 목적에 따라 꽃의 특징은 다음과 같이 분류할 수 있다.

(1) 라인 플라워

직선 형태를 띤 라인 플라워(Line Flower)는 다른 꽃들과 꽂을 때 먼저 꽂기 시작하므로, 선의 모양에 의해 디자인의 형태와 크기를 결정하는 역할을 한다.

(예) 글라디올러스, 리아트리스, 금어초, 스토크 등

(2) 매스 플라워

매스 플라워(Mass Flower)는 원구의 모습과 여러 장의 꽃잎으로 중량감을 주며 줄기에 한 송이꽃으로 되어 있다. 또한 매스 플라워만 사용할 시에는 크기, 색상 등을 고려하여 단조롭지 않게 한다.

(예) 장미, 국화, 카네이션 등

(3) 폼 플라워

폼 플라워(Form Flower)은 화두가 크고 개성이 있는 형태로써, 주로 강조를 할 때 사용한다.

(예) 해바라기, 백합, 안수리움, 칼라 등

(4) 필러 플라워(Filler Flower)

필러 플라워(Filler Flower)는 여러 줄기에 작은 꽃들이 섬세하게 핀 스프레이 형태로써 부족한 공간을 채우는 역할을 하고 주로 마무리 과정에서 많이 쓰인다.
(예) 스프레이카네이션, 안개, 소국, 스타티스 등

라인 플라워

매스 플라워

폼 플라워

필러 플라워

4. 웨스턴 디자인의 제작시 유의사항

꽃은 시간, 장소, 목적에 따라 각기 다른 표현을 필요로 하므로, 이에 맞춰 표현 방법을 달리해야 한다. 따라서 기본 디자인을 익히는 것이 무엇보다 중요하고, 디자인을 한 번에 익히는 것보다 다양한 소재들을 가지고 지속적으로 반복 연습하는 것이 좋다. 이 웨스턴 디자인은 작품의 정확성과 형태에 맞는 화기와 플로랄 폼의 마무리가 중요하다.

5. 웨스턴 디자인의 원칙과 기법

(1) 디자인의 종류

1) 클래식 디자인(Classic Design)

- 닫힌 공간(양화적 공간)으로 표현된다.
- 포컬 포인트는 작품 중앙의 한 점에서 방사형으로 꽂는다.
- 장식적인 구성으로 밀집되게 꽂는다.
- 대칭적인 구성으로 다수의 재료를 혼합하여 꽂는다.

2) 모던 디자인(Modern Design)

- 고전의 형식을 따르지 않고 현대적 감각으로 표현된 디자인이다.
- 소재의 형태, 선 등은 자연 그대로의 모습으로 꽂는다.
- 같은 종류의 소재, 꽃 등은 그룹지어 꽂는다.
- 복수 생장점과 초점을 갖고 있다.

3) 실험적인 디자인(Experimental Design)

- 복합적인 형태 디자인(Combination Formation)
- 자유 형태 디자인(Free Style Formation)
- 뉴 웨이브 디자인(New Wave Design)
- 추상적인 디자인(Abstract Design)

(2) 플로랄 테크닉(Floral Technique)

- 인설팅 기법(Inserting Technique) : 줄기 속에 와이어를 삽입하여 보강하는 기법
- 핸드타이드 기법(Handtied Technique) : 손으로 소재를 잡고 묶는 기법(예 : Parallel(패럴렐), Spiral(스파이럴) 등)
- 식물 심기 기법(Plant Planting Technique) : 오브제나 플랜트를 이용하여 식물을 심는 기법
- 와이어링 기법(Wiring Technique) : 철사를 이용한 보강 기법
- 글루잉 기법(Gluing Technique) : 꽃의 외형을 바꾸는 기법 중의 하나로, 접착용액을 이용한 기법
- 바인딩 기법(Binding Technique) : 셋 이상의 소재들을 함께 묶어 주는 기법으로, 장식적인 목적 뿐만 아니라 모든 줄기들을 교차된 포인트에 묶어주는 기능적 목적이 있기 때문에 밴딩(Banding)과는 차이가 있다.

(3) 디자인 테크닉(Design Technique)

1) 베이싱(Basing) 기법 : 디자인의 기초가 되는 부분에 물리적 안정감을 주는 기법

- 파베(Pave) : 마치 보석이 박힌 것처럼 빽빽하게 배열하여 타이트하게 한 클러스터링 기법
- 테라싱(Terracing) : 소재 크기별로 모아 일정 간격을 두면서 계단식 수평으로 배치한 기법
- 레이어링(Layering) : 소재 사이를 빈틈없이 배치하여 층을 만드는 기법
- 스태킹(Stacking) : 겹쳐 쌓는 방식으로, 소재 위의 또 다른 소재를 겹쳐 쌓는 기법
- 필로잉(Pillowing) : 꽃무리를 디자인 베이스에 베개 모양으로 낮게 배치하는 기법
- 터프팅(Tufting) : 줄기가 짧은 꽃다발 디자인에 사용하여 작은 언덕을 만드는 기법

2) 번칭(Bunching) 기법 : 비슷한 재료를 고정시켜 꽂는 기법

- 그루핑(Grouping) : 같거나 비슷한 소재를 무리지어 꽂는 기법
- 조닝(Zoining) : 영역 내의 꽃을 배치하여 밀집되지 않게 획을 나누는 기법
- 클러스터링(Clustering) : 하나씩 사용하기에는 너무 작고 가치가 낮은 소재를 뭉치로 꽂아 색과 질감을 돋보이게 하는 기법

3) 묶는 기법(Uniting Materials) : 장식적 효과를 주는 기법

- 밴딩(Banding) : 특수한 요소를 강조하거나 주의를 끌 필요가 있을 때 사용하는 장식적 목적만 갖고 있다.
- 바인딩(Binding) : '묶는다'는 개념의 기법으로, 휘감아 시선을 집중시키는 기능적인 기법
- 래핑(Wrapping) : 여러 가지 소재를 실이나 질감의 특성을 고려하여 묶는 포장 기법
- 번들링(Bundling) : 서로 유사한 소재를 한 단위로 묶거나 래핑하여 디자인하는 기법

4) 시각상의 움직임을 강조하는 기법(Strengthen Visual Movement)

- 프레이밍(Framing) : 특정 부분에 시선을 끌기 위해 울타리 형식의 역할을 하는 기법

– 쉐도잉(Shadowing) : 먼저 꽂은 소재의 바로 뒤나 아래쪽에 가깝게 꽂아 입체감을 주는 기법

– 시퀀싱(Sequensing) : 차례로 나열하는 방식으로 소재의 크기, 색상의 변화, 개화 순에 따라 이어가는 기법

5) 셸터링(Sheltering) 기법

화기의 제한된 반경을 지닌 디자인 기법

6) 보태니컬(Botanical) 기법

식물학적 디자인으로 주위 환경과의 상호 작용을 표현한 기법

7) 플로팅(Floating) 기법

수면 위에 띄우는 기법

8) 식생적(Vegetative) 기법

식물 생장적 디자인으로, 자연에서 영감을 얻어 숲의 일부를 옮긴 디자인

9) 추상적(Abstracting) 기법

형태에 얽매이지 않고 색상, 모양, 질감 등을 강조하여 표현하는 기법

10) 콜라링(Collaring)

완성된 부케, 꽃다발이나 화기의 가장자리에 장식을 둘러주는 기법

11) 레이싱(Lacing)

베이스 디자인에서 많이 사용되는 기법으로, 식물 줄기를 화기 안쪽에서 교차시켜 고정하는 기법

12) 리플렛싱(Replaysing)

식물 소재의 꽃잎 뒤를 감싸 꽃의 형태를 변형시키는 기법

13) 마사징(Massaging)

꽃가지나 줄기를 손으로 부드럽게 만져 곡선을 만드는 기법

14) 베일링(Veilling)

스틸그라스나 아스파라거스 등의 가벼운 소재를 이용해 투명한 스크린을 만드는 기법(워터폴 디자인에 사용)

15) 미로잉(Mirroring)

반복적인 기법을 사용하여 두 개의 소재가 거울을 보는 것과 같은 구성 방법을 띈 시각적 기법

1

2

3

:: 네프로네피스, 글라디올러스, 다알리아, 장미

❶ 플로랄폼은 화기의 윗면을 기준으로 높이 3㎝가 되도록 한다.
❷ 네프로네피스의 길이는 화기 지름을 더한 넓이의 1.5~2배로 플로랄폼의 중심선 2/3 위치의 좌우 대칭을 이루면서 구성한다.
❸ 네프로네피스와 글라디올러스로 삼각형이 될 수 있도록 대칭으로 꽂아 외곽 구성을 한다.
❹ 크고 화려한 장미를 선택하여 포컬 포인트의 위치에 꽂는다.
❺ 전체 외곽선의 안에는 장미와 다알리아, 글라디올러스를 사이사이에 조화롭게 꽂는다.
❻ 중심에 다알리아와 장미를 배치하여 시각적 안정감을 유지시키도록 한다.

삼각형(Triangle)

가장 기본적인 디자인의 하나로 좌우 대칭을 이루는 화형이다. 수직축을 중심으로 한 삼각형의 세 점이 정확하게 보여지도록 구성한다. 장식적인 구성에 많이 사용되며, 일초점을 가지고 있고, 방사상형으로 제작한다. 견실하고 풍성하며 안정감 있는 화형으로 대칭, 비대칭, 부등변삼각형 등으로 구성할 수 있으며 화기 모양에 따라 다양하게 쓰인다.

:: 탑사철, 버들가지, 아이리스, 나리, 장미, 심비디움, 루모라고사리

❶ 플로랄폼은 화기의 윗면을 기준으로 높이 3㎝가 되도록 한다.
❷ 탑사철로 삼각형의 세 점이 정확하게 보여지도록 구성한다.
❸ 나리로 포컬 포인트를 꽂는다.
❹ 선의 연결성을 주기 위해 아이리스를 이용하여 선적인 부분을 부각시켜 꽂는다.
❺ 장미와 나리, 심비디움을 이용하여 면적 효과를 조화롭게 이뤄지도록 꽃을 꽂아 마무리한다.
❻ 수평적인 부분은 측면에서는 90° 각도로 이루어져야 기본형이 완성된다.

1

2

3

리시안샤스, 보라공작, 거베라, 루모라고사리, 장미

❶ 플로랄폼은 화기의 윗면을 기준으로 높이 7㎝가 되도록 한다.
❷ 장미로 윤곽을 잡아주며 거베라로 포컬화를 정한다.
❸ 루모라고사리로 플로랄폼을 베이스 처리해준다.
❹ 거베라를 이용하여 전체적인 면적 윤곽과 표정을 보강한다.
❺ 리시안샤스를 장미와 거베라 사이에 꽂아 정방형 구성을 강조한다.
❻ 보라공작으로 빈 공간을 채워 마무리한다.

정방형(Square style, 사각형)

정방형은 사각형 구성으로 정면에서 볼 때 삼각형 4개가 표현되고 빈 공간이 소재와 함께 시각적으로 유도할 수 있어야 하며 무게감과 긴장감이 느껴지도록 꽂아야 한다. 포컬 포인트에는 뭉치꽃을 사용하여도 무방하며 선의 긴장감을 나타내기 위해서는 라인 소재를 사용하여 시각상의 관심을 부각시킨다.

:: 잎새란, 안수리움, 아이리스, 말채, 온시디움

❶ 플로랄폼은 화기의 윗면을 기준으로 높이 7㎝가 되도록 한다.
❷ 안수리움으로 포컬 포인트를 꽂아준다.
❸ 말채와 잎새란을 이용하여 전체 윤곽선을 잡아준다.
❹ 아이리스와 온시디움을 이용하여 포컬과 면적 윤곽을 보강해 마무리한다.

:: 거베라, 잎새란, 글라디올러스, 소국, 대나무, 편백, 컬러대나무

❶ 플로랄폼은 화기의 윗면을 기준으로 높이 7㎝가 되도록 한다.
❷ 거베라로 포컬 포인트를 꽂아준다.
❸ 글라디올러스와 잎새란, 컬러대나무를 이용하여 비대칭적 윤곽을 구성한다.
❹ 중앙 부분에 포컬화할 수 있도록 소국, 거베라를 이용하여 면적 요소를 부각시킨다.
❺ 스퀘어의 변형적인 면을 잎새란으로 보강하여 중후한 느낌과 안정감을 주어 연출한다.

1

2

:: 거베라, 탑사철, 루모라고사리, 소국, 엽란

❶ 수직축을 중심으로 탑사철 및 엽란, 루모라고사리로 외곽을 구성한다.

❷ 거베라를 이용하여 수직축의 무게와 균형감을 살려 꽃을 꽂는다.

❸ 거베라 사이에 소국을 사용하여 화형을 풍성하게 연출한다.

〈작품 tip〉
- 수직형은 좁은 목의 화형으로 연출하여 제약적인 공간에 효율적인 디자인이다.
- 화기 높이의 2배 이상 높이로 구성하여 능동적인 디자인으로 제작한다.(화기 : 디자인 = 3 : 1)

수직형(Vertical style)

수직형은 높이를 강조하는 형태로, 화기의 중심에 수직축이 있어야 하며 방사상형으로 제작하는 플라워 어렌지먼트의 기본형이다. 비율에 따른 무게와 균형감에 주의하여 꽃과 소재를 선택하고, 높이를 강조하는 형으로 리듬과 균형, 상승감 등을 고려하여 작품을 제작하는 것이 좋다. 또한 직선상의 꽃이 화기 폭의 범위 안에서 디자인되도록 꽂으며, 높은 천장으로 이루어진 실내 장식에 어울린다.

:: 잎새란, 네프로네피스, 극락조화, 필로덴드론 잎, 다알리아, 이끼, 장미

❶ 잎새란 3대를 작품 길이와 화기 폭의 3:1 비례로 꽂는다.
❷ 잎새란의 길이에 차등을 두어 여러 개의 생장점을 갖는 작품이므로, 모든 소재는 수직으로 꽂는다.
❸ 극락조화 2대로 높이를 더욱 강조시키며 필로덴드론 잎의 형태에 주의하여 꽂는다.
❹ 장미를 하단 부분에 꽂아 사랑스럽고 모던한 느낌이 들게 한다.
❺ 다알리아와 네프로네피스를 사용하여 질감의 대비와 볼륨감을 준다.

:: 컬러대나무, 극락조화, 필로덴드론, 맨드라미, 글로리오사, 심비디움

❶ 화기의 모서리에 컬러대나무를 이용해 높이를 강조하여 꽂고, 대나무의 상단은 사다리 모양의 3줄을 만들어 재미를 주었다.
❷ 짙은 색상의 맨드라미와 동색계열의 심비디움으로 위와 아래 기준을 잡아 무게감을 잃지 않도록 고려하여 제작한다.
❸ 글로리오사와 필로덴드론을 이용하여 리듬감 있게 꽃들을 꽂아 연결선의 흐름을 강조한다.

1

2

:: 리아트리스, 편백, 다알리아, 과꽃

❶ 플로랄폼은 화기의 윗면을 기준으로 높이 3㎝가 되도록 한다.

❷ 라인 플라워인 리아트리스로 화기 지름을 더한 높이의 1.5배의 길이(화기 지름 : 높이 = 1 : 1.5)로 잘라 플로랄폼 윗면의 2/3 중앙 지점에 0°가 되게 꽂는다.

❸ 화기 테두리와 수평이 되도록 좌우 측면의 중심에 일직선으로 리아트리스를 수직으로 꽂은 꽃의 2/3 길이로 잘라 꽂아준다.

❹ 수직 중심의 라인과 일직선이 되는 지점, 수직과 수평 라인의 중심 지점에 리아트리스를 수평꽃의 1/3 길이로 잘라 화기 테두리 정면에 수평으로 꽂는다.

❺ 다알리아로 포컬 포인트를 잡아주고, 다알리아와 과꽃으로 포컬 포인트 중심선에서 대칭이 되도록 꽂아준다.

❻ 수직과 수평 라인에 방해가 되지 않도록 조화롭게 꽂아주며, 뒷면과 측면에 플로랄폼이 보이지 않도록 편백으로 마무리한다.

인버티드 T형(Inverted T style, 역 T자형)

인버티드 T형은 가로, 세로가 대칭으로 된 영문자 T를 거꾸로 세워 놓은 디자인이다. 삼각형 구성과 비슷한 화형으로 꼭짓점과 측면의 음성적인 공간을 만들어 주는 세심한 주의가 필요하다. 라인 플라워를 이용하여 외곽을 구성하고 수직형 3개를 조합한 디자인으로, L자형도 가능하며 용도와 놓여질 공간에 따라 연출이 자유롭다.

:: 글라디올러스, 탑사철, 나리, 소국, 거베라, 편백

❶ 플로랄폼은 화기의 윗면을 기준으로 높이 3cm가 되도록 한다.
❷ 라인 소재인 탑사철과 라인 플라워인 글라디올러스로 수직과 수평의 외곽선을 처리한 후 나리를 이용하여 포컬 포인트를 잡는다.
❸ 포컬 포인트 사이에는 거베라와 소국을 조화롭게 어렌지하여 꽂는다.
❹ 베이스면은 편백으로 마무리를 한다.

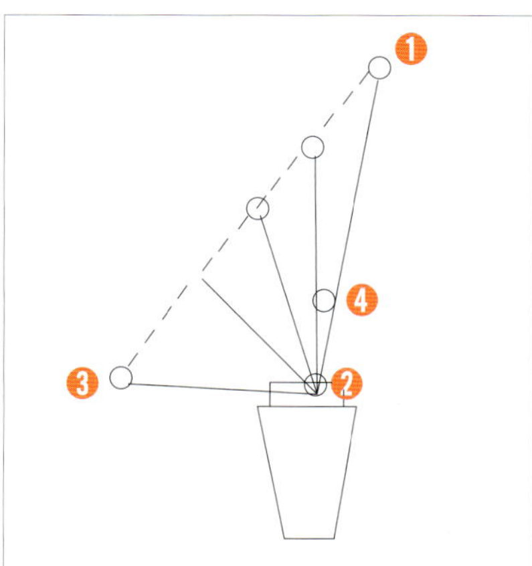

측면도

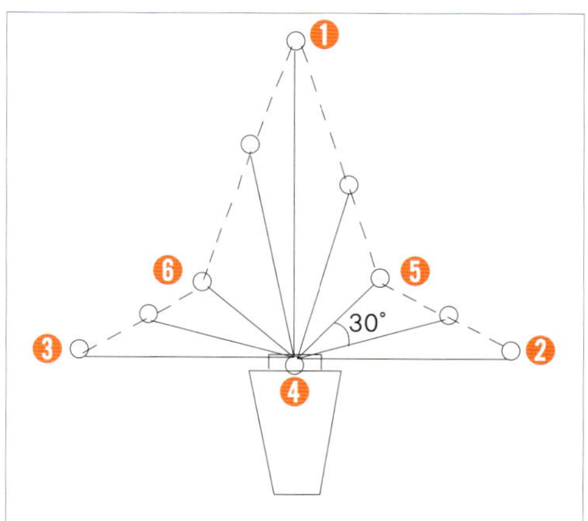

정면도

1

2

3

:: 거베라, 극락조화, 장미, 잎새란, 편백, 기린초

❶ 플로랄폼은 화기의 윗면을 기준으로 높이 7㎝가 되도록 한다.
❷ 잎새란과 극락조화를 이용하여 외곽선을 구성한 후 포컬 포인트인 거베라를 화기 중앙에 꽂는다.
❸ 외곽선을 구성한 후 볼륨감이 형성되지 않도록 편백을 이용하여 면적인 효과를 준다.
❹ 거베라를 이용하여 연결성과 리듬감을 느낄 수 있도록 꽃을 꽂는다.
❺ 유사색상을 사용하여 조화롭게 해주며 장미를 리듬감 있게 입체적으로 꽂아 마무리한다.

피라미드형(Pyramid style)

피라미드형은 삼각형을 입체감 있게 구성한 화형 디자인으로서, 원추형에 가깝다. 흔히 'Y쉐이프(Y shape)'로 불리우며, 어느 쪽에서 보아도 입체적으로 잘 표현되도록 꽃을 꽂는다. 피라미드형은 삼각추가 되도록 구성하는 어렌지먼트의 화형을 말한다. 이 디자인은 교회의 제단 장식이나 파티 장식 등으로 활용이 가능하다.

:: 글라디올러스, 잎새란, 심비디움, 거베라, 소국, 편백

1. 플로랄폼은 화기의 윗면을 기준으로 높이 7㎝가 되도록 한다.
2. 잎새란으로 사선 방향이 되도록 위, 아래 직선으로 꽂아준다.
3. 글라디올러스를 잎새란의 윤곽에 따라 꽂아준다.
4. 표정이 예쁜 심비디움으로 중심꽃을 잡아주고, 거베라는 중심 주변에 꽂아준다.
5. 소국과 편백으로 여백을 채워준다.

대각선형(Diagonal style)

대각선형은 두 개의 수직형을 사선으로 디자인한 형태를 말한다. 주로 라인 소재를 이용하여 산뜻하고 시원한 느낌이 들도록 꽃을 어렌지한다. 평면에서 볼 때 마름모꼴과 같은 모습으로 제단 장식에 많이 이용된다. 이 디자인은 방향감과 운동감이 강하며, 불안정하고 역동감 있게 연출이 가능하다.

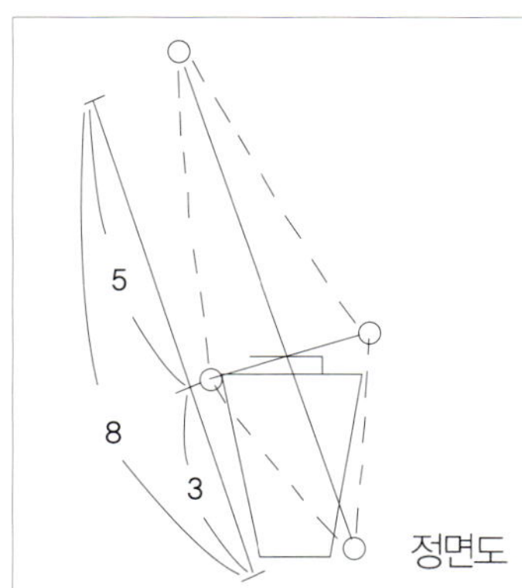

1

2

3

:: 리아트리스, 장미, 유칼립투스

❶ 플로랄폼은 화기의 윗면을 기준으로 높이 3㎝가 되도록 한다.
❷ 라인 플라워인 리아트리스를 이용하여 수직과 수평라인으로 외곽 구성을 한다.
❸ 리아트리스는 플로랄폼의 좌측 2/3 윗부분에 수직라인을 꽂고 직각이 되는 지점에 수평라인을 꽂는다.
❹ 유칼립투스로 수직과 수평라인을 보강하여 주고 플로랄폼을 가려 주는 역할을 겸한다.
❺ 장미로 포컬 포인트를 정한 후 리아트리스와 유칼립투스 앞부분에 장미를 꽂아주어 L자형의 완전한 윤곽을 만든다.
❻ 수직과 수평이 교차되는 부분에 볼륨감이 느껴지지 않도록 유칼립투스를 이용하여 빈 공간을 채워준다.

L자형(L shape style)

수직과 수평의 좌우 비대칭의 모던한 스타일의 형태로서, 적은 양의 꽃과 소재로 슬림한 구성을 표현한다. 화기가 폭이 넓고 높이가 낮은 화기일 경우에는 가로선을 길게, 가늘고 높은 화기일 경우에는 세로선을 길게 해 준다. 또한 제단을 장식할 경우에는 오른쪽 옆으로 흐르는 L자형 라인과 세로에서 왼쪽 옆으로 역 L자형로 표현한다. 전반적으로 선은 간결하고 긴장감이 느껴지도록 제작하여야 한다.

:: 탑사철, 잎새란, 아이리스, 나리, 카네이션

❶ 플로랄폼은 화기의 윗면을 기준으로 높이 3㎝가 되도록 한다.
❷ 탑사철과 잎새란을 이용하여 윤곽선을 형성한다.
❸ 나리를 이용하여 수직과 수평이 교차되는 지점에 포컬 포인트를 꽂는다.
❹ 아이리스를 이용하여 선을 간결하고 긴장감있게 꽂으며, 카네이션으로 색상대비를 주어 조화롭고 편안하게 안정감이 느껴지도록 연출한다.

:: 극락조화, 리아트리스, 거베라, 풍선초

❶ 플로랄폼은 화기의 윗면을 기준으로 높이 3㎝가 되도록 한다.
❷ 리아트리스와 극락조화를 이용하여 수직과 수평의 외곽선을 형성한다.
❸ 거베라를 이용하여 교차점에 포컬 포인트를 꽂는다.
❹ 수평과 수직라인이 간결하게 표현될 수 있도록 소재를 리듬감 있게 꽂아 마무리한다.

:: 네프로네피스, 금어초, 과꽃, 소국, 편백, 다알리아

❶ 플로랄폼은 화기의 윗면을 기준으로 높이 3cm가 되도록 한다.
❷ 네프로네피스로 좌우 대칭을 이루도록 균등하게 하고 높이보다는 넓이를 더 넓게 되도록 아래로 처진 듯하게 꽂는다.
❸ 네프로네피스는 중심부가 높지 않도록 주의하며 대칭 삼각형과 구별되도록 꽂는다.
❹ 네프로네피스와 금어초를 이용하여 좌우 대칭을 이루고 편안하며 자율적인 느낌이 들도록 한다.
❺ 다알리아로 포컬 포인트를 주고 소국과 과꽃을 이용하여 색상과 형태를 돋보이게 한다.

수평형(Horizontal style, 호리존탈)

강한 수평형의 선을 강조하는 어렌지먼트로 수평선과 넓이를 강조한 화형으로 편안하고 정적인 느낌을 표현할 수 있다. 또한 수평형은 낮은 이등변삼각형이나 원형에 완만한 곡선을 주어 옆으로 길게 수평으로 구성한다. 키가 낮은 화기는 플로랄폼을 사용하고, 높이가 있는 콤포트도 어울린다. 소재로는 줄기가 부드러운 곡선을 나타내기 쉬운 라인 플라워나 매스 플라워를 사용하며, 테이블 장식으로 할 경우에는 상대방의 시선을 고려하여 높이가 30cm 이상 넘지 않도록 주의해야 한다.

수평형 응용

:: 잎새란, 아이리스, 안수리움, 솔리다스터, 온시디움

❶ 플로랄폼은 화기의 윗면을 기준으로 높이 3㎝가 되도록 한다.
❷ 비대칭 수평형으로 수평라인이 잘 나타날 수 있도록 잎새란을 평형적 수평으로 꽂는다.
❸ 잎새란을 그룹으로 만들어 수평라인을 강조하였고, 아이리스를 이용하여 리듬감이 느껴지도록 꽃을 꽂는다.
❹ 비대칭 수평형을 제작할 때에는 높이를 짧게 해준다. 만일 높이가 길 경우에는 비대칭 삼각형과 비슷해보이므로 주의하여 꽂으며 시각적으로 안정감을 이룰 수 있도록 연출한다.

1

2

:: 버들, 금어초, 편백, 과꽃

❶ 플로랄폼은 화기의 윗면을 기준으로 높이 7㎝가 되도록 한다.
❷ 버들을 이용하여 상단은 화기의 높이와 넓이를 더한 길이의 2배로 좌측 뒷쪽 45°의 12시에서 11시 방향과 하단은 4시 방향으로 좌우 비대칭으로 꽂는다.
❸ 편백으로 플로랄폼을 가려 베이스 처리를 한다.
❹ 표정이 예쁜 과꽃으로 포컬 포인트를 꽂는다.
❺ 수직축이 화기의 중심에 오도록 하며 금어초를 이용하여 부드러운 곡선을 강조하여 꽂아 준다.
❻ 선의 흐름과 균형을 유지하며 꽃을 꽂아 마무리하며, 변형으로 대칭 초승달형과 역 초승달형도 가능하다.

3

크레센트형(Cresent style, 초승달형)

바로크 시대에 시작된 화형으로 'C 쉐이프(C shape)'라고도 하며 중심축을 향한 비대칭의 2개 곡선을 지니고 있다. 넓이가 강조되는 화형으로 3:5:8의 황금비율을 유지하면서 방사상형으로 꽂는다. 일생장점과 함께 자연스러운 곡선을 유지하기 위해선 소재의 선택에 유의해야 한다. 장식적인 효과가 뛰어난 디자인으로 어느 장소에나 잘 어울린다.

:: 탑사철, 거베라, 튤립, 루모라고사리, 스토크, 편백

❶ 플로랄폼은 화기의 윗면을 기준으로 높이 7㎝가 되도록 한다.
❷ 탑사철을 이용하여 좌우 비대칭으로 외곽선을 형성한다.
❸ 튤립을 포컬 포인트로 꽂는다.
❹ 선의 흐름을 도울 수 있도록 튤립을 리듬감있게 꽂아준다.
❺ 거베라를 이용하여 초승달 모양이 되도록 안정감 있게 꽃을 꽂는다.
❻ 루모라고사리와 편백을 이용하여 베이스 처리해준다.

1

2

3

:: 버들가지, 유칼립투스, 거베라, 소국

❶ 플로랄폼은 화기의 윗면을 기준으로 높이 7cm가 되도록 한다.

❷ 버들가지를 이용하여 상단 부분은 화기의 높이와 넓이를 더한 길이의 2배로 플로랄폼의 좌측 뒷부분 1/3의 위치에 꽂는다.

❸ 하단 부분은 상단 길이의 약 1/2의 길이로 우측 화기 입구면의 1/3 뒤쪽으로 내리면서 꽂는다.

❹ 유칼립투스는 상단 길이의 약 1/5의 길이로 앞 중심에 90° 각도로 꽂는다.

❺ 포컬 포인트인 거베라는 45° 각도를 유지하며 꽃을 꽂는다.

❻ S자 형태를 만들면서 소국을 꽂아준다.

❼ 중심은 화기의 중앙 윗쪽이므로 수직과 수평이 만나는 지점에 위치하게 한다.

❽ 외곽선이 좌우로 열린 형태로 소재와 공간에 대해 주의한다.

S자형(Hogarth style, 호가스)

S자형은 위와 아래가 아름다운 S 곡선의 화형이다. 일명 '미의 라인(The Line of Beauty)'이라고 정의한 영국의 화가 윌리암 호거스(1697~1764)가 1753년 '미의 분석'에서 정의한 'S 커브 스타일'이라고 불리운다. 흐르는 듯한 아름다운 선이 우아함과 부드러움, 정결함이 표현되도록 선이 가늘고 긴 화기를 사용하며 작은 공간이나 꺾어지는 계단, 코너 장식 등에 놓는다. S자형은 수직, 수평, 경사, 대칭, 비대칭 등으로 장소나 화기에 따라 다양하게 표현될 수 있다.

수직정면도

:: 안수리움, 튤립, 거베라, 심비디움, 버들가지, 루모라고사리, 호엽란

❶ 플로랄폼은 화기의 윗면을 기준으로 높이 3cm가 되도록 한다.
❷ S자 수평형 디자인으로 버들가지를 이용하여 외곽선의 움직임이 확실하도록 뚜렷하게 만든다.
❸ 라인 플라워인 튤립을 이용하여 선의 곡선이 유연하고 리듬감있게 꽂는다.
❹ 심비디움과 안수리움을 이용하여 흐르는 듯한 느낌으로 꽃을 꽂고, 루모라고사리와 거베라로 풍성하게 꽃을 꽂는다.
❺ 위빙(Weaving) 기법을 이용하여 호엽란을 엮어 선의 흐름을 더욱 강조하도록 하였으며 위트있는 작품으로 연출한다.

1

2

3

과꽃, 거베라, 편백, 기린초, 보라공작

❶ 플로랄폼은 화기의 윗면을 기준으로 높이 3㎝가 되도록 한다.
❷ 과꽃을 플로랄폼의 윗면 중심에 수직으로 꽂는다.
❸ 같은 길이로 네 송이의 과꽃을 플로랄폼의 좌우 측면의 중심에 화기와 수평이 되도록 꽂는다.
❹ 수직과 수평으로 꽂은 과꽃 사이에 편백을 꽂아준다.
❺ 먼저 꽂은 과꽃 사이에 네 송이의 같은 길이의 과꽃을 꽂아 외곽선을 완성한다.
❻ 같은 방식으로 수직과 수평으로 꽂은 과꽃 사이에 편백을 꽂아준다.
❼ 거베라의 밝은 표정이 보이도록 꽂고 플로랄폼의 빈 공간이 보이지 않도록 꽃보다 편백을 짧게 꽂는다.

반구형(Dome style, 돔형)

반구형은 구를 반으로 나눈 형태로서 매스 어렌지먼트의 대표적인 화형이다. 어느 방향에서 보아도 전체의 모습이 우아하고 부드러운 곡선을 가지며, 우리의 생활 공간에서 가장 많이 사용한다. 소재 사용에 있어서 어느 쪽에서나 반구형이 잡히도록 균등하게 배열되도록 한다.

:: 리시안샤스, 소국, 장미, 편백, 다래넝쿨, 거베라, 해바라기, 줄맨드라미

❶ 플로랄폼은 화기의 윗면을 기준으로 높이 3㎝가 되도록 한다.
❷ 꽃의 높이와 반지름을 같은 길이로 제작하고 해바라기와 소국을 사용하여 꽂는다.
❸ 반구의 형태가 어긋나지 않도록 하고, 화기의 윗쪽 부분에 다래넝쿨을 사용하여 운동성을 표현한다.
❹ 줄맨드라미로 행잉을 표현하여 긴장감을 표현한다.

:: 카네이션, 아이리스, 잎새란, 루모라고사리, 편백, 호엽란

❶ 플로랄폼은 화기의 윗면을 기준으로 높이 3㎝가 되도록 한다.
❷ 아이리스와 카네이션을 이용하여 보색대비의 돔형으로 꽂는다.
❸ 반구의 형태에 어긋나지 않도록 어렌지를 한 후 잎새란을 잘라 픽킹(Picking) 기법을 사용하여 면적 요소를 구성한다.
❹ 편백으로 꽃과 꽃 사이에 채워서 마무리한다.

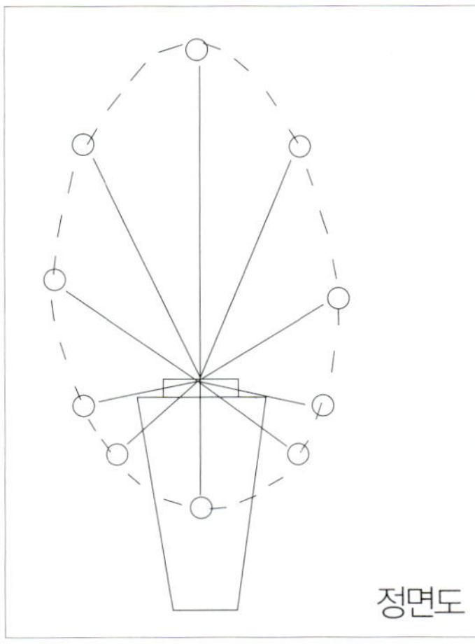

정면도

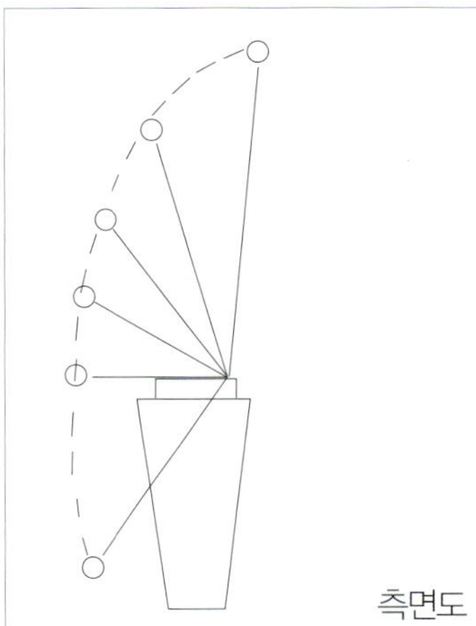

측면도

∷ 거베라, 소국, 편백, 네프로네피스, 백합

❶ 플로랄폼은 화기의 윗면을 기준으로 높이 7㎝가 되도록 한다.

❷ 네프로네피스를 이용하여 외곽선을 꽂아준다.

❸ 거베라로 타원형의 모양이 나오도록 꽂아준다.

❹ 백합으로 타원형의 안쪽을 꽂아준다.

❺ 포컬 지역에 짙은 색의 거베라를 꽂아주어 시각을 중심에 모이도록 한다.

❻ 꽃과 꽃 사이에 편백으로 채워서 마무리한다.

오벌형(Oval style, 타원형)

15세기경 유럽에서 시작된 화형으로 우아한 곡선 형태의 틀을 가진 화려한 디자인이다. 높은 화기를 사용하여 외곽선은 타원형으로 정하고 그 안에서 입체감을 느낄 수 있도록 꽃을 표현하고 자연스러운 원만함과 우아함을 연출하며, 계란 모양의 형태로 구성하여 초점은 아래쪽에 위치하도록 한다. 넓은 공간의 벽면에 화려하고 다양한 꽃과 소재들을 오벌형으로 한다면, 훨씬 더 화려한 장식으로 된다.

:: 유칼립투스, 나리, 다알리아, 루모라고사리, 호엽란, 카네이션. 스토크

❶ 플로랄폼은 화기의 윗면을 기준으로 높이 7㎝가 되도록 한다.
❷ 유칼립투스를 이용하여 외곽선을 꽂아주며 나리를 이용하여 포컬 포인트를 형성한다.
❸ 다알리아와 루모라고사리, 카네이션을 이용하여 타원형으로 된 형태 안에 조화롭게 꽃을 꽂는다.
❹ 호엽란을 위빙(Weaving) 기법으로 사용해 입체적이고 화려하게 보일 수 있도록 한다.

1

2

3

:: 루모라고사리, 카네이션, 미스티 블루, 소국, 다알리아

❶ 플로랄폼은 화기의 윗면을 기준으로 높이 3㎝가 되도록 한다.

❷ 카네이션을 이용하여 좌우로 꽂아주며 양쪽 길이는 테이블 사정에 따라 정한다.

❸ 좌우 1/2~1/3의 길이로 카네이션을 화기의 중심축 부분에 꽂는다.

❹ 카네이션을 루모라고사리의 앞쪽으로 꽂아주고 포인트 길이는 한쪽 길이의 1/3 정도로 하되, 높이는 테이블 바닥에서 30㎝ 이상은 넘지 않도록 한다.

❺ 카네이션으로 연결되는 선에 대칭으로 꽂아준다.

❻ 대칭으로 꽂은 카네이션과 루모라고사리 사이에 다알리아와 소국을 이용해 채워나간다.

❼ 단조로움과 다이아몬드형의 부드러움을 강조하기 위해 미스티 블루로 채워주며 마무리한다.

다이아몬드형(Diamond style)

다이아몬드형은 평면에서 보아 마름모 형태로 꽂은 디자인을 말하며, 소재에 따라 다양한 표정이 나온다. 테이블 크기에 따라 작품의 크기를 정할 수 있으며 호리존탈형(Horizontal)과 비슷해 보이나 정확한 끝점으로 인하여 깔끔한 모양을 보여준다. 실생활에서 가장 흔하게 사용되는 화형으로 약혼식, 회갑연 등에 이용된다.

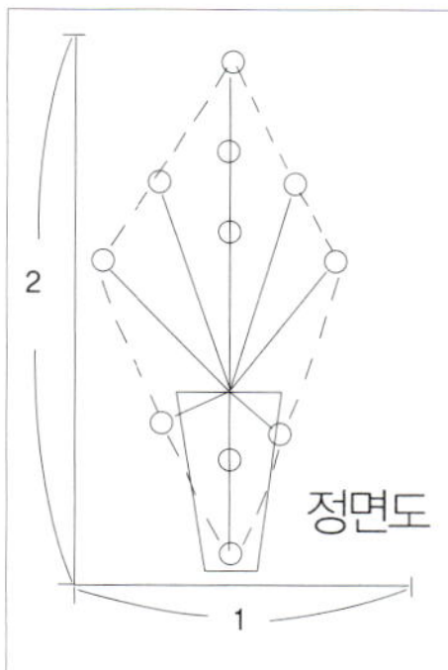

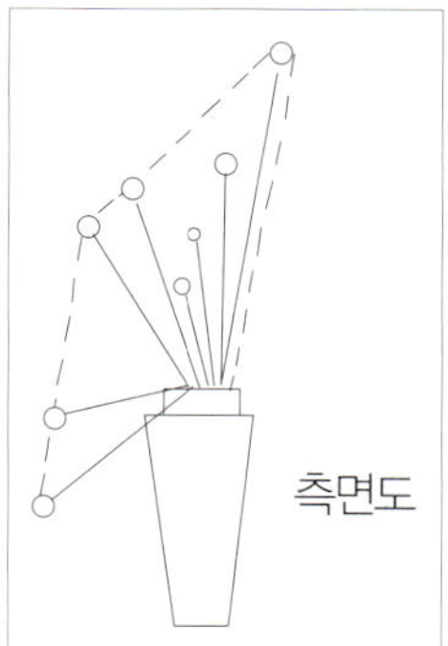

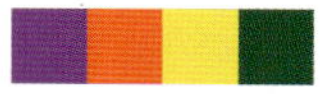

:: 엽란, 금어초, 장미, 아이리스, 입모란, 편백

❶ 플로랄폼은 화기의 윗면을 기준으로 높이 7㎝가 되도록 한다.
❷ 엽란과 금어초를 이용하여 외곽선을 형성한다.
❸ 아이리스로 중심 꽃(Focal Point)을 꽂아준다.
❹ 다이아몬드형의 안쪽에 장미로 채워준다.
❺ 아이리스로 타원형을 느낄 수 있도록 꽃을 꽂아준다.
❻ 중심 꽃인 아이리스의 주변 지역에 장미를 꽂아준다.
❼ 다이아몬드형으로 된 작품 안에 편백을 꽂아 마무리한다.

1

2

:: 리아트리스, 네프로네피스, 해바라기, 소국, 편백

❶ 플로랄폼은 화기의 윗면을 기준으로 높이 3cm가 되도록 한다.

❷ 리아트리스는 화기 지름에 높이를 더한 길이만큼 자르고 플로랄폼 윗면의 2/3 지점 중앙에 수직으로 꽂는다.

❸ 네프로네피스는 리아트리스의 높이보다 길게 잘라 화기 테두리에 수평이 되도록 좌우 측면에 꽂는다.

❹ 리아트리스 사이에 네프로네피스를 꽂고 편백으로 베이스 처리를 하고 크고 잘 핀 해바라기를 이용하여 45° 각도로 꽂아 포컬 포인트를 만든다.

❺ 나머지 해바라기를 이용하여 포컬 지역을 형성한다.

❻ 해바라기로 안쪽 공간을 메꿔 주며 소국을 사이사이에 꽂아 부채꼴 모양의 면을 만든다.

❼ 정면과 뒤쪽에 플로랄폼이 보이지 않도록 편백을 짧게 꽂아 마무리한다.

부채형(Fan style)

좌우대칭을 이루는 반원형의 구도를 가진 방사형의 화형으로 모든 소재가 중심축으로 모이도록 꽂는다. 곡선의 부드러움이 강조되는 화형으로 리듬감과 질감 등을 살려 작품의 깊이를 강조하여 평면적으로 보이지 않고 입체감있게 제작한다. 적은 소재로 화려함을 강조할 수 있는 화형으로, 제단 장식이나 화환용으로 사용되며 현관 혹은 벽을 배경으로 한 센터피스로 사용된다.

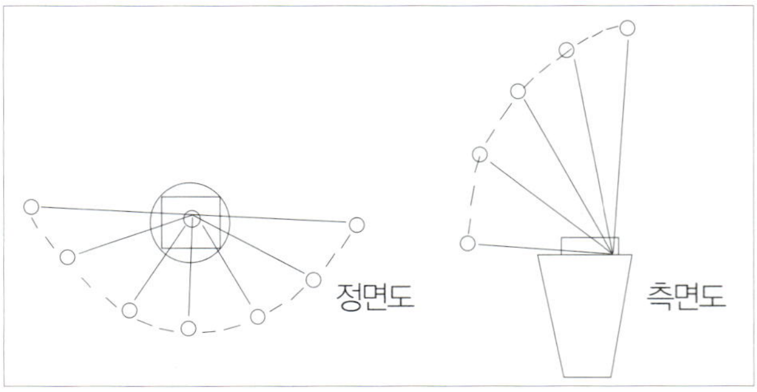

:: 잎새란, 탑사철, 글라디올러스, 네프로네피스, 거베라, 보라공작초, 솔리다스터, 편백

❶ 플로랄폼은 화기의 윗면을 기준으로 높이 3㎝가 되도록 한다.
❷ 라인 플라워인 잎새란과 탑사철로 외곽라인을 형성하고 사이에 글라디올러스를 꽂아 질감대비를 강조시켰다.
❸ 외곽라인 사이에 네프로네피스로 뚜렷한 외곽 구성을 더하여 준다.
❹ 글라디올러스와 같은 계열색인 매스 플라워인 거베라를 사용하여 부채형의 면을 만든다.
❺ 보라공작초와 솔리다스터들을 조화롭게 꽂는다.

:: 말채, 해바라기, 풍선초, 아스파라거스, 청미래 넝쿨, 편백

❶ 말채를 이용하여 반쯤 펼친 부채형 모양의 구조를 만든 다음 말채라인 사이로 해바라기와 풍선초를 꽂아 시각상의 초점을 위로 오게 한다.
❷ 풍선초와 해바라기를 일정한 간격으로 꽂아 동선을 느낄 수 있도록 한다.
❸ 잘 다듬어진 아스파라거스로 운동성을 주고 편백으로 마무리를 하여 리듬감과 긴장감을 주는 디자인을 한다.

∷ 소국, 보라공작, 미스티블루, 장미, 과꽃

❶ 플로랄폼은 화기의 윗면을 기준으로 높이 7㎝가 되도록 한다.
❷ 플로랄폼의 중앙에 과꽃, 미스티블루, 장미를 수직으로 꽂는다.
❸ 전체적인 나무가 서있는 모습으로 표현하면서 나머지 꽃들은 나선형으로 연결감 있게 꽂아 마무리한다.

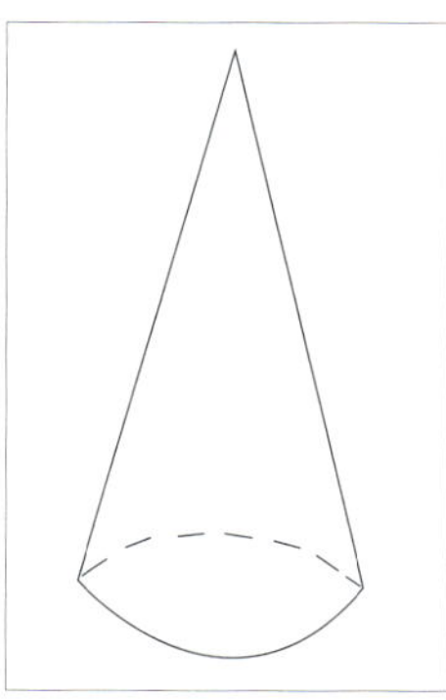

원추형(Cone style)

원추형은 반구형의 상단을 위로 높게 끌어올린 입체적인 라운드형이므로 어느 방향에서 보아도 정면이 되며, 사면을 구성하는 외곽선은 예리하여야 한다. 비잔틴 시대의 전형적인 스타일로 잎은 원추형의 나무를 닮도록 화기에 배열하고, 꽃과 과일은 종종 어렌지먼트의 밑부분에서 꼭대기까지 나선형으로 배열된다. 이 디자인은 교회나 성당 장식 혹은 넓은 공간의 실내 장식이나 뷔페 테이블 장식용으로 사용된다.

:: 버들, 심비디움, 아스파라거스, 잎새란, 소국, 편백, 다알리아, 다래넝쿨

❶ 화기에 버들을 이용하여 원추형의 틀을 고정한다.
❷ 편백, 다알리아, 심비디움, 소국 등을 이용하여 꽃을 꽂는다.
❸ 원추형 구조에 아스파라거스와 다래넝쿨, 심비디움을 연결성을 주면서 어렌지한다.

:: 거베라, 홍죽, 능수버들, 섬담쟁이 덩굴, 줄 아이비

❶ 플로랄폼을 원추형으로 쌓아둔다.
❷ 거베라, 홍죽, 능수버들 등을 이용하여 나선형으로 꽃을 꽂아준다.
❸ 형태의 연결성이 부각되도록 어렌지한다.

1

2

3

∷ 잎새란, 카네이션, 편백, 스토크, 소국

❶ 플로랄폼은 화기의 윗면을 기준으로 높이 3cm가 되도록 한다.
❷ 잎새란을 이용하여 외곽선을 형성한 후, 중앙에 편백으로 베이스 처리를 한다.
❸ 베이스 처리 후 스토크를 이용하여 중앙 부분에 카네이션을 꽂아준다.
❹ 카네이션과 소국을 이용하여 어렌지하되 선의 아름다움을 살려주도록 한다.

스프레이형(Spray style)

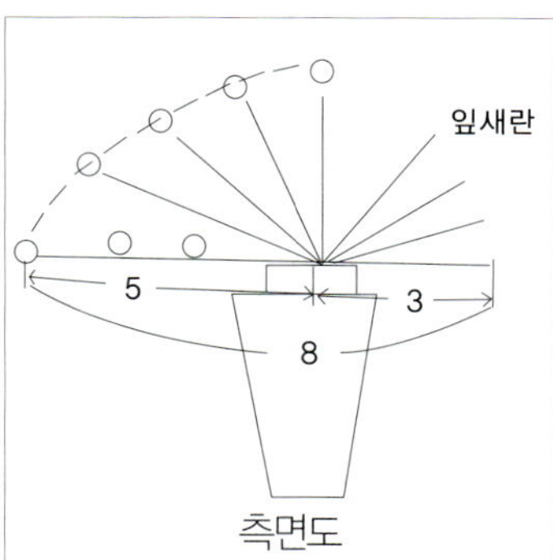

스프레이형은 꽃과 줄기가 자연스럽게 하나가 되도록 연출된 디자인으로 꽃의 아름다움과 함께 줄기의 아름다움도 함께 느낄 수 있어 마치 화기 위에 삼각형 꽃다발을 얹은 듯한 느낌을 보여준다. 옆에서 보는 모습이 아름다운 디자인으로 키 작은 콤포트나 선물용 바구니 등에 많이 이용되며 다양한 연출이 가능한 화형이다. 꽃의 줄기를 디자인의 일부로 살린 화형으로 줄기의 선이 신선함을 줄 수 있어야 한다. 스프레이형에서는 입체적으로 구성하는 것과 평면적으로 구성하는 방법이 있다.

:: 아이리스, 잎모란, 장미, 알스트로메리아, 보라공작초, 스프레이카네이션, 말채, 편백

❶ 플로랄폼은 화기의 윗면을 기준으로 높이 3㎝가 되도록 한다.
❷ 아이리스를 이용하여 흐르는 듯이 외곽선을 구성한다.
❸ 잎모란으로 중심 꽃을 꽂고, 장미와 아이리스를 중심 꽃의 주변 사이에 꽂아준다.
❹ 스프레이카네이션과 알스트로메리아를 사이에 꽂아준다.
❺ 보라공작초와 편백으로 여백을 마무리한다.
❻ 말채로 줄기를 꽂아주되, 꽃과 자연스럽게 연결이 되도록 한다.

:: 백합, 네프로네피스, 거베라, 말채

❶ 플로랄폼은 화기의 윗면을 기준으로 높이 3㎝가 되도록 한다.
❷ 백합과 네프로네피스를 이용하여 외곽선을 형성한다.
❸ 백합과 거베라를 꽃다발 형식의 디자인이 되도록 플로랄폼에 꽂는다.
❹ 말채를 이용하여 꽃과 자연스럽게 연결되도록 한다.

:: 아이리스, 카네이션, 잎새란, 곱슬버들, 루모라고사리, 편백

❶ 아이리스, 카네이션, 편백, 루모라고사리로 돔(Dome) 형태로 어렌지한다.
❷ 잎새란을 잘라 픽킹(Picking) 기법을 사용하여 돔 형태의 재미를 준다.
❸ 곱슬버들을 이용하여 돔 중앙에 길게 뻗어나게 하여 신선한 디자인을 보여준다.

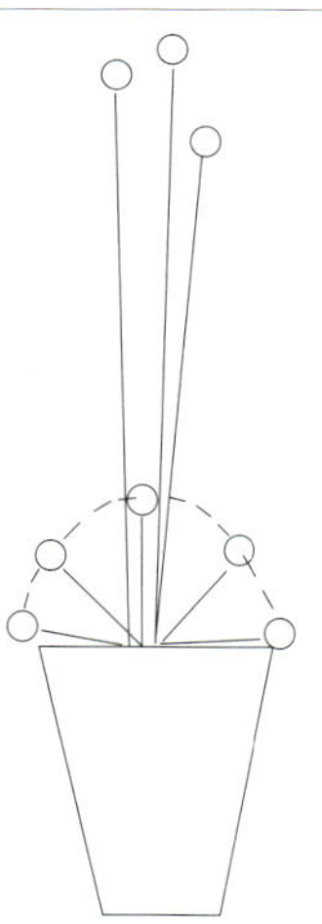

정면도

피닉스형(Phoenix style)

피닉스형은 반구형(Dome) 디자인의 중앙으로부터 키 큰 소재들이 분출하듯이 표현하는 디자인이다. 베이스는 꽃들 사이에 간격이 거의 없이 밀집되어야 한다. 윗부분은 밀짚다발과 같이 방사형으로 하나의 소재가 중심부에 위치하고 상부로 돌출하는 모습으로 구성한 디자인이다.

:: 아스파라거스, 튤립, 호엽란, 루모라고사리, 칼라, 신비디움, 필로덴드론

1. 플로랄폼은 화기의 윗면을 기준으로 높이 7㎝가 되도록 한다.
2. 폭포처럼 흘러내릴 수 있도록 튤립, 칼라, 아스파라거스 등을 꽂는다
3. 호엽란을 위빙(Weaving) 기법으로 엮어서 어렌지한다.
4. 기구상의 초점을 뒷쪽으로 위치한 상태에서 소재를 위에서 아래쪽으로 흘러내리게 베일링(Veilling) 기법으로 어렌지한다.

워터풀형(Waterfall style)

워터폴형은 폭포처럼 흘러내리는 듯한 디자인으로, 운동성이 유연한 잎과 꽃들을 위에서 아래로 흘러내리게 하며, 질감이 다른 여러 소재(깃털, 아크릴, 실, 구슬 등)와 더불어 제작하면 물이 흐리는 효과를 더 볼 수 있다. 높이가 긴 화기가 사용된다.

:: 잎새란, 글라디올러스, 아이리스, 나리, 거베라, 필로덴드론, 편백

❶ 잎새란은 수직적으로 평행선이 되도록 꽂는다.
❷ 글라디올러스와 아이리스는 높이감 있게 수직으로 꽂아준다.
❸ 화기의 아랫에는 거베라, 나리 등을 꽂아주고 필로덴드론은 앞쪽과 뒤쪽으로 꽂아 단조로움을 없앴다. 나리를 꽂아 화사함을 표현한다.

병렬형(Parallel style)

병렬형은 복수초점과 복수생장점에서 나온 소재들의 선이 같은 방향으로 병행을 이루는 디자인으로 수직 병렬형, 수평 병렬형, 사선 병렬형 등이 있다. 어느 작품이든지 2줄 이상의 소재가 평행을 유지하도록 하며, 특징상 많은 초점과 생장점이 연결되어 있어 자연을 재해석한 작품에 임해야 한다. 변화형으로는 수직 교차 병렬형과 수평 교차 병렬형 등이 있다.

:: 말채, 극락조화, 필로덴드론, 심비디움

❶ 말채로 주역부를 표현한다.
❷ 극락조화를 말채 사이에 꽂아 균형감을 준다.
❸ 극락조화 잎으로 평행 그래픽적인 느낌을 좀더 강조한다.

:: 말채, 극락조화, 필로덴드론, 심비디움, 안수리움

❶ 말채와 극락조화로 두 개의 선이 수직으로 교차하도록 한다.
❷ 수직교차의 운동성이 느껴지도록 안수리움과 신비디움을 꽂는다.
❸ 아랫부분에 필로덴드론을 수직으로 교차하도록 꽂아 안정감을 준다.

뉴 컨벤션(New Convention)

뉴 컨벤션은 수직과 수평의 완전한 결합화형으로 수직 라인의 그룹들이 수평적인 라인으로 반영된다. 수평의 그룹들은 같은 소재나 유사색상의 것으로 이루어져 있으며, 수평선 상의 그룹들은 수직선 상의 그룹보다 짧게 하고, 수직 그룹과 수평 그룹 사이의 연장선 사이에는 음화적 공간을 만들어 주어야 한다. 또한 베이스는 높이를 짧게 하면서 테라싱(Terracing), 쉐도잉(Shadowing), 그루핑(Grouping) 등의 기법을 병렬적으로 사용한다.

:: 아이리스, 안수리움, 필로덴드론, 루모라고사리, 탑사철, 반다, 홍죽, 말채, 거베라, 카네이션, 갤럭시, 칼라, 잎새란

❶ 수직과 수평을 동시에 보여주는 형태로 소재의 특성을 살려 꽂아준다.
❷ 칼라, 잎새란, 탑사철과 같은 소재는 직선적인 운동성을 가지고 있으므로 수직형으로 꽂는다.
❸ 필로덴드론과 갤럭시와 같은 잎소재는 수평적인 라인으로 꽂아준다.
❹ 수직과 수평을 조화롭게 해주기 위해 안수리움, 아이리스, 카네이션, 거베라를 이용하여 움직임이 나타날 수 있도록 꽃을 꽂아준다.
❺ 그루핑한 말채와 레이어링 테크닉의 홍죽, 테라싱 기법을 이용한 갤럭시 등의 소재를 가지고 플로랄 테크닉을 이용하여 유니크한 작품을 완성한다.

:: 아마릴리스, 리본

❶ 화기에 아마릴리스를 고정하고 리본을 이용하여 선의 아름다움을 표현하도록 래핑(Wrapping) 기법을 사용하였다.
❷ 나선형으로 리본을 감싸 꽃과 선의 아름다움을 돋보이도록 한다.

래핑(Wrapping)

래핑은 실, 끈, 리본 등의 질감과 특성을 고려해서 길고 굵은 줄기를 감싸듯이 묶는 포장 기법을 말한다.

:: 말채, 안수리움, 필로덴드론, 검정색돌, 능수버들

❶ 화기의 중심에 말채를 패럴렐로 모아준다.

❷ 능수버들의 중간가지들도 곡선의 느낌을 살려서 모아준다.

❸ 안수리움 3송이를 높낮이 있게 중심에서 모아주고, 필로덴드론은 앞뒤로 넣는다.

❹ 말채의 수직선들의 상승적인 모습과 능수버들의 곡선을 표현하고, 줄기에 밴딩 기법을 사용하여 선의 아름다움이 더욱 부각되게 표현한다.

❺ 수반에는 색돌을 넣어 안정감과 모던함을 보여주었다.

밴딩(Banding)

밴딩은 단순히 묶는 것이 아니라 특수한 요소를 강조하거나 주의를 끌 필요가 있을 때 장식적인 면을 강조하면서 묶는 기법을 말한다.

:: 말채, 소국, 심비디움, 카네이션, 리시안샤스, 편백, 나무껍질, 솔방울, 이끼, 거베라

1. 각각의 소재들을 짧게 잘라 그룹 지어 플로랄폼에 고정한다.
2. 말채를 잘라 면적인 효과를 줄 수 있도록 하며 솔방울로 질감의 변화를 표현한다.
3. 빽빽하게 소재의 질감대비와 색상대비를 정확하게 표현한다.

파베(Pave)

파베(Pave)는 보석을 빽빽하게 붙여서 금속이 보이지 않도록 세팅하는 보석 가공을 모방한 디자인으로, 평평하고 타이트한 클러스터링(Clustering) 기법을 사용한다. 소재들을 서로 무리를 지어 가깝게 만들어서 색상과 질감의 특징을 강조한다. 이 파베 기법은 디자인 전반에 사용하기도 하며, 구성의 일부만 적용할 수도 있다.

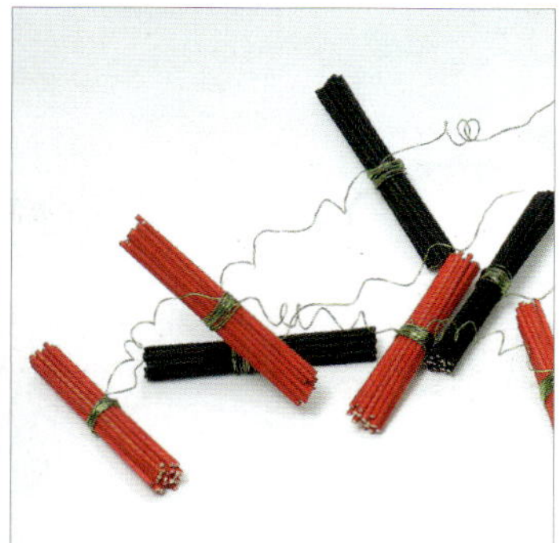

:: 화살나무, 와이어, 컬러대나무

❶ 컬러대나무를 그룹지어 와이어로 고정하여 연결한다.
❷ 화살나무를 이용한 구조물에 연결하여 더욱 강렬한 느낌이 들도록 구조물을 완성한다.

그루핑(Grouping)

그루핑은 소재가 같거나 비슷한 소재를 무리지어 묶는 기법을 말한다.

유러피언 디자인
(European Design)

1. 유러피언 디자인의 개요

유러피언 디자인(European Design)은 꽃과 식물의 자연 그대로의 개성을 중시하여 각각의 소재를 독자적인 생명체로 인식하고, 식물의 움직임, 형태, 개성, 특성 등을 표현하는 것에 중점을 두는 조형 예술로 다음과 같이 분류된다.

2. 유러피언 디자인의 분류

(1) 장식적 디자인(Decorative Design)

자연의 법칙에 따르지 않고 인위적인 느낌이 들도록 만드는데 풍만한 형태로 대칭 또는 비대칭으로 배치되는 것이 특징이다.

(2) 식물생장적 디자인(Vegetative Design)

식물생장적 디자인은 생장하는 모습을 표현하는 디자인으로 주 그룹, 부 그룹, 역 그룹으로 구분하며, 형태는 비대칭 형태로 자연을 해석한다.

(3) 형태와 선적 디자인(Formal-linear Design)

형태와 선적 디자인은 특이한 형태와 움직임을 가지고 있는 식물을 사용하여 형태와 선을 강조한다.

(4) 평행적 디자인(Parallel Design)

평행적 디자인은 각각의 고유한 생장점을 가지며 식물 소재와 부 소재의 대부분이 평행으로 배치된다. 수직, 수평, 대각선으로도 배치되어질 수 있고 대칭, 비대칭이 될 수가 있다.

(5) 구조적 디자인(Structure Design)

구조적 디자인은 직선이나 곡선의 구조를 조형적인 형태로 형태나 크기 등을 표현한다. 프레임을 제작할 때 2가지 이상의 소재를 사용하지 않으며, 주로 대가치 꽃을 중심으로 표현한다.

3. 유러피언 디자인의 원리

(1) 질서

질서는 서로 다른 특성을 가진 것들이 혼란 없이 순조롭게 이루어지게 하는 차례나 순서 등을 말하며, 다음과 같이 분류한다.

– 대칭적 질서 : 엄격한 질서(양쪽이 같은 것)

– 비대칭적 질서 : 자유로운 질서(자연스러운 것)

(2) 교차

교차는 여러 개의 선이 다양한 각도로 엇갈리고 있는 것을 뜻한다. 교차된 선의 소재가 표현의 효과를 주기 때문에 다른 소재나 색상은 절제되어야 하며, 꽂는 지점이 겹치지 않게 하나하나 꽂으면서 교차시킨다. 또한 방향성은 내부의 구조와 외부의 윤곽까지 일치해야 한다.

(3) 그룹

그룹은 각각의 구성 요소가 전체를 이룰 때 형성되는 것으로, 엄격한 그룹과 자유로운 그룹으로 나눌 수 있다.

– 엄격한 그룹 : 엄격한 질서 속에서 대칭성과 동일성의 특징을 가지고 있다.

– 자유로운 그룹 : 생동감이 있고 비대칭적인 특징을 가지고 있다. 지배적이지만 중심점에는 위치하지 않은 주 그룹과 주 그룹에서 가장 멀리 떨어진 역 그룹, 그리고 가장 작은 그룹인 부 그룹으로 나눌 수 있다.

4. 생장점

생장점이란 식물의 뿌리에 해당하는 점을 말하며, 다음과 같이 분류된다.

– 하나의 생장점 예시 : 방사형인 경우로, 식물의 자연 생태적인 형태

– 여러 개의 생장점 예시 : 식물이나 꽃을 이용한 감기나 교차 등의 기법

– 대칭적 질서의 생장점 : 한 점에서 출발, 가상의 생장점 존재, 여러 개의 생장점에서 출발(교차), 여러 개의 생장점에서 출발(그룹)

5. 식물의 표면 구조

식물 표면의 재질감을 말하는 표면 구조는 다음과 같이 분류할 수 있다.

– 거칠고 결이 생긴 표면 : 식물의 표면이 딱딱하고 부드러운 재질의 중간에 속하며, 목련잎, 태산목, 프로티아, 나무껍질, 아킬레아 등이 여기에 해당한다.

– 부드럽고 연한 표면 : 식물의 표면이 부드럽고 섬세하고 가죽처럼 비슷하며 버드나무, 양귀비, 할미꽃, 코스모스, 스위트피, 맨드라미 등이 여기에 해당한다.

- 매끄럽고 단단한 표면 : 식물의 표면 구조가 단단하며 매끄럽고 윤기가 나며, 안수리움, 크로톤, 백합, 칼라, 제라늄, 아이리스 등이 여기에 해당한다.

6. 꽃의 조형 형태

꽃과 식물이 지니고 있는 특성 하나하나의 표현 형태를 관찰하는 것은 작품을 표현하는데 가장 중요하다.

(1) 꽃과 식물의 생긴 모양

꽃의 개성은 크게 세 그룹으로 나누어지는데 다음과 같다.

1) 독립성이 강한 것(대가치)

꽃이 혼자 있을 때 더 돋보이는 지배적인 형태를 띄며, 예컨대 팔레놉시스, 극락조화, 안수리움, 칼라, 글라디올리스 등이 여기에 해당한다.

2) 독립성이 중간 정도(중가치)

꽃 자체가 화려하고, 풍성함과 아름다움의 속성을 가지고, 예컨대 카네이션, 장미, 튤립, 러넌큐러스, 아네모네 등이 여기에 해당한다.

3) 독립성이 약한 것(소가치)

많은 양의 꽃을 사용할 때 최상의 효과를 얻을 수 있는 군생 형태를 띄며, 예컨대 민들레, 안개, 데이지, 팬지, 이끼, 무스카리 등이 여기에 해당한다.

(2) 줄기의 운동성 생장 형태

줄기의 운동성은 꽃과 식물의 생장 형태에 따라 수동적인 형태와 능동적인 형태로 구분할 수 있다.

1) 능동적인 운동 형태

- 위로 뻗으며 펼쳐지는 형태 : 안수리움, 극락조화, 아이리스, 아가판서스 등
- 위로 뻗는 형태 : 글라디올라스, 델피늄, 산세베리아, 리아트리스 등
- 위로 뻗으며 밖으로 길게 뻗는 형태 : 후리자, 조팝나무, 네프로네피스 등
- 줄기가 위로 뻗으며 모양이 둥글거나 편편한 형태 : 해바라기, 거베라, 장미 등
- 유희적, 파열적인 형태 : 탱자나무, 화살나무, 청미래덩쿨, 피라칸샤스 등
- 유희적인 형태 : 클레마티스, 쟈스민, 곱슬버들, 나팔꽃 등

2) 수동적 운동 형태

- 아래로 흐르는 형태 : 수염틸란데아, 콩란, 러브체인, 마삭줄 등
- 안으로 모이는 형태 : 잎모란, 시크라멘, 프리뮬라, 아프리칸바이올렛 등

:: 말채, 스틸그라스, 안수리움, 글로리오사, 멕시코소철, 거베라, 편백, 필로덴드론, 줄맨드라미, 극락조화

말채 줄기를 잘라 삼각형의 프레임을 만들어 나무화기에 플로랄폼을 고정한 후 높게 고정을 한다. 극락조화와 안수리움은 프레임의 위에 곡선적으로 꽂을 꽂고 줄맨드라미를 운동성있게 꽂으며 거베라, 멕시코소철 등은 아랫부분에 안정감 있게 꽂아 선의 미를 표현한 작품이다.

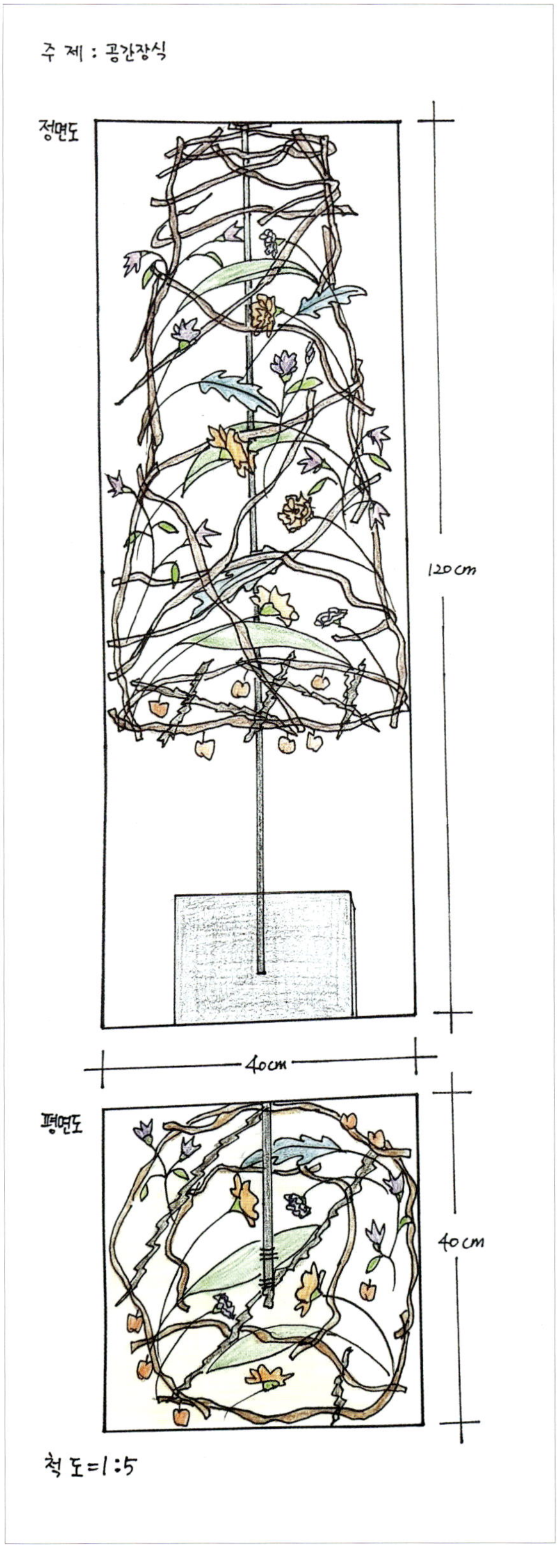

:: 클레마티스, 엽란, 필로덴드론, 러넌큐러스, 곱슬버들, 말채, 디디스커스, 꽈리, 화살나무

곱슬버들의 곡선을 이용하여 프레임을 만들고 중심에는 바인딩을 하여 케네틱을 표현하고 화살나무로 네팅(Netting)을 만들어 작품의 견고성을 주며 아래쪽 바닥에 고정하여 제작한다. 또한 디디스커스의 운동성과 클레마티스의 곡선으로 인해 부드러움을 최대한 표현해보았다.

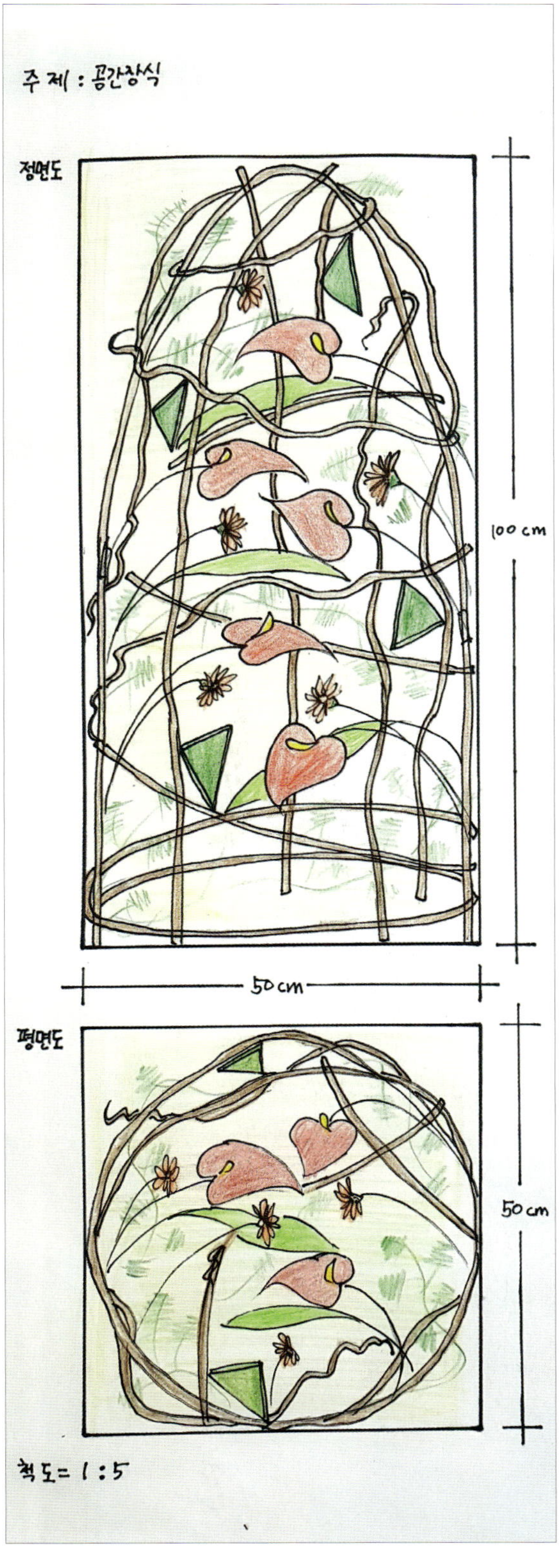

∷ 아스파라거스, 안수리움, 엽란, 거베라, 다래넝쿨, 컬러와이어

다래덩쿨로 종 모양을 만들기 위해, 다래덩쿨 5개를 직선으로 세우고 하단부터 다래덩쿨로 직선의 외곽으로부터 돌리면서 프레임을 만들어 간다. 프레임의 중심에 안수리움과 거베라를 꽂으면서 투명감을 주면서 운동성을 표현하고 컬러와이어로 삼각형의 모양을 만들어 엽란에 붙여 매달아준다. 또한 아스파라거스로 투명감 있게 마무리 해준다.

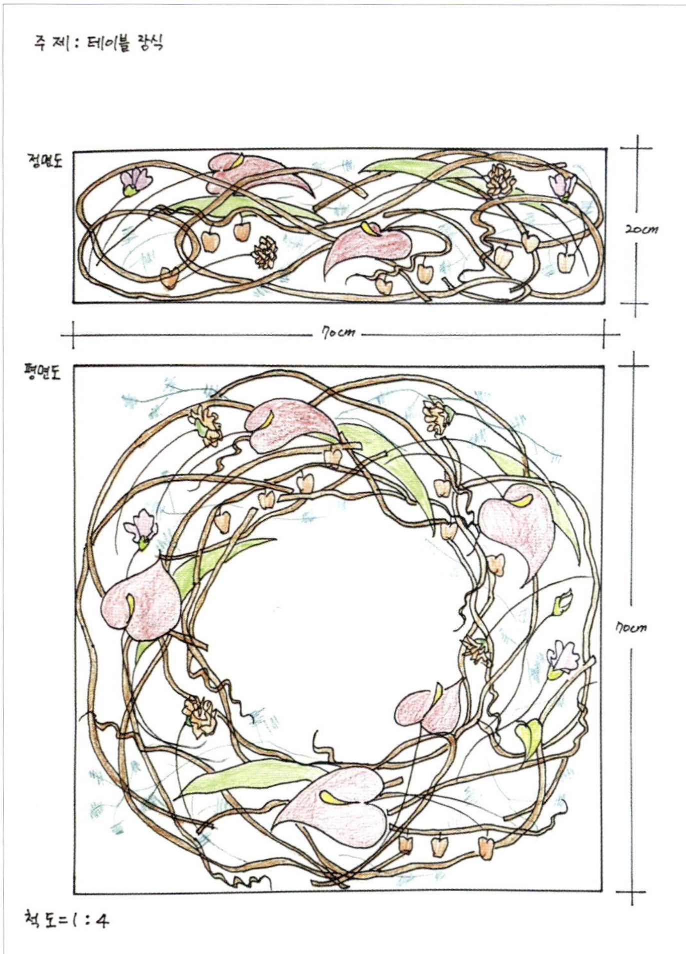

:: 안수리움, 꽈리, 러넌큐러스, 아스파라거스, 엽란, 다래넝쿨, 리시안샤스

곡선의 운동성을 가지고 있는 다래넝쿨로 리스 형태의 프레임을 만들고 아스파라거스는 잎을 정리하면서 투명하게 표현하고 빨강색의 안수리움과 주황색의 러넌큐러스을 넣어 색상의 강렬함과 화려함을 표현하였다.

:: 말채, 측백, 신비디움, 안수리움, 노박넝쿨

말채를 이용하여 원뿔형의 기하학적인 프레임을 만든 후 밑면에 수반을 고정하여 어렌지한 작품이다. 그린 말채로 직선과 곡선의 두 가지 특징을 보여주며, 노박넝쿨로 자연스럽게 연결성을 보여주고, 빨간색의 포인트를 주어 가을의 풍요로움을 표현하고 있다.

:: 말채, 안수리움, 측백, 신비디움, 다래넝쿨

말채 줄기를 엮어 3개의 프레임을 만들어 유리화기에 삼각구도로 고정하고, 말채를 중심으로 측백과 신비디움을 유리화기 안에서 꽂고 다래넝쿨을 이용하여 직선적인 디자인과 동양적인 느낌으로 표현한 작품이다. 주조색은 난색계열을 사용하여 안정감 있고 균형감을 느낄 수 있다.

:: 말채, 안수리움, 필로덴드론, 호접란, 스틸그라스, 아스파라거스, 호엽란

말채를 교차하여 스탠딩 형태의 프레임을 구성하여 상단 부분에 꽃을 어렌지할 수 있도록 하였다. 말채의 직선적인 선을 강조한 프레임으로 안수리움과 호접란, 아스파라거스를 안정감 있게 어렌지하여 모던하며 현대적인 디자인을 표현한 작품이다.

:: 느티나무, 저글러스, 스토크, 신비디움, 거베라

느티나무의 잔 가지를 교차로 엮어서 프레임(2개)을 만든다. 한 프레임의 중심에는 굵은 나무가지를 수직으로 세워 나머지 한 개를 올리고 저글러스를 넓게 펼친다. 중심에는 신비디움, 거베라, 스토크 등을 꽂고, 이 꽃들 사이에는 저글러스로 마무리한다. 느티나무의 잔 가지가 프레임의 중앙에서 외곽으로 펼쳐가는 운동성을 표현하고 있다.

버들가지, 아스파라거스, 안수리움, 칼라, 필로덴드론, 거베라, 러넌큐러스, 다래넝쿨, 호엽란

버들가지 4줄기를 철사로 연결하여 8개를 만들고 버들가지의 윗부분을 서로 교차시켜 하나의 프레임을 만든다. 이 교차된 버들가지의 하단부터 다래넝쿨로 원형으로 만들어 가면서 버들가지에 연결해준다. 완성된 프레임의 위에는 안수리움, 거베라, 아스파라거스, 칼라 등을 넣는다.

∷ 석화버들, 버들가지, 안수리움, 거베라, 아스파라거스, 필로덴드론, 말채, 스틸그라스

말채 줄기로 삼각형의 프레임(7개)을 만들고, 버들가지(4개)를 철사로 엮어 프레임 2개를 만든다. 삼각형의 프레임을 수직으로 연결하여 스탠딩 구조를 만든다. 이 중심에는 버들가지의 프레임과 석화버들을 가지고 스탠딩 프레임을 견고하게 만든다. 이 구조물의 중심에 안수리움과 거베라를 넣고, 아스파라거스는 외곽에 넣어 율동감 있게 표현한다.

∷ 느티나무, 아스파라거스, 신비디움, 신종루스커스, 거베라, 스틸그라스, 필로덴드론

느티나무의 굵은 가지로 수직으로 교차하면서 스탠딩 프레임을 만든다. 이 프레임의 1/3 지점에서 신비디움, 거베라 등을 넣어준다. 신종루스커스의 소재가 주는 운동성을 살려 수평으로 펼쳐주고 스틸그라스로 율동감을 표현한다. 느티나무의 강한 구조가 노랑의 신비디움과 잘 어울리는 작품이다.

:: 말채, 극락조화, 스마일락스, 다알리아, 반다란, 신종루스커스

말채 줄기(3개씩)를 와이어로 연결하여 6개 만들고 2줄로 된 원형의 프레임을 만든다. 6개의 말채줄기와 원형의 프레임을 철사로 연결하면서 육각형의 프레임을 만든다. 수직적인 라인에 극락조화를 전면에 높낮이 있게 꽂아 주고, 육각형 프레임의 아래에는 스마일락스를 넣고 반다란은 각 부분에 한 줄씩 넣으며 다알리아를 아래쪽 3면에 대칭으로 넣어준다.

※ 작품 TIP

보태니컬 디자인(Botanical Design)
패럴렐(Parallel) 라인에 속하는 아메리칸 디자인으로 식물이 생장하는 과정과 구조, 개체에 대한 상호작용을 통한 라이프사이클의 디자인이다. 예컨대 돌, 이끼, 잔 가지 등을 이용하여 베이스를 가려 연출한다.

:: 수선화, 산수유, 이끼

식물 심기 형식으로 산수유의 곧게 뻗은 선이 자연적인 표현을 나타내고 있으며 구근류의 수선화의 단조로움을 산수유의 가지선으로 자연의 소박함을 표현하였으며, 보태니컬한 디자인을 연출한 작품이다.

:: 극락조화, 컬러와이어, 삼각 스티로폼, 컬러대나무

병행적 구성의 패럴렐(Parallel) 디자인으로서 복수 생장점의 특징을 가지고 있는 작품으로, 극락조화와 삼각 스티로폼의 면적인 효과와 컬러대나무의 선적인 효과가 동시에 이루어져 그래픽적이며 현대적인 느낌을 보여준다.

∷ **튤립, 오리목, 아이비 줄기, 다래넝쿨, 이끼**

오리목의 운동성을 살려 자연스럽게 표현하고, 형태의 자유로움은 다래넝쿨로 연출하였다. 튤립을 꽂고 이끼와 아이비 줄기로 완성하였다.

1

2

3

:: 섬담쟁이 열매, 산수유, 튤립, 이끼, 금어초

사각 수반에 생장점이 다수인 패럴렐 형식으로 산수유의 가지와 섬담쟁이 열매, 금어초, 튤립을 자연스러운 느낌으로 최대한 표현하고 있다. 봄의 시작을 전하는 메시지가 가득한 작품이다.

:: 극락조화, 안수리움, 홍죽, 석화버들, 호엽란, 심비디움, 다래넝쿨

선과 형을 강조한 디자인으로 대가치 꽃의 특수한 형태나 라인으로 아름다운 디자인을 보여줄 수 있으며 석화버들과 다래넝쿨, 극락조화의 자연스러운 곡선을 표현한 작품이다. 위빙(Weaving) 기법을 이용한 호엽란의 형태 역시 인위적이지만 자연적인 선을 그려내어 한층 더 친밀하고 오리엔탈적인 느낌을 부각시킨다.

PART 2_

핸드타이드

H a n d t i e d

핸드타이드 (Handtied)

1. 핸드타이드의 개요

핸드타이드(Handtied)는 손 안에서 꽃의 줄기를 잡으면서 만들고 끈으로 묶는 것을 말한다. 그래서 '꽃 묶음'이라고 한다. 줄기 부분이 정리가 되어 있어 화병에 꽂으면 흐트러짐이 없이 제작자의 표현이 제대로 전달되어 작품성과 편리함이 있으며, 최근에서 화훼장식 대회에서 필수적으로 출제되고 있다.

2. 핸드타이드의 종류

2개 이상의 묶음점이 있는 평행적인 핸드타이드는 개성 있는 꽃을 강조하거나 줄기의 모습을 부각시키기 위한 디자인으로 쓰이며, 다음과 같이 종류를 분류할 수 있다.

(1) 장식적 꽃다발

장식적 꽃다발은 윤곽이 닫혀 있거나 열려 있는 형태로, 화려하고 풍성한 느낌으로 장식적인 효과를 준다. 줄기는 나선형으로 표현한다. 종류에는 대칭적 혹은 비대칭이 있다.

(2) 식생적인 꽃다발

식생적인 꽃다발은 식물이 생장하고 있듯이 자연스러운 운동성을 보여주며, 줄기는 나선형(Spiral)으로 표현한다. 장식적인 느낌을 피하며 용기는 화려하지 않아야 한다.

(3) 선형적인 꽃다발

선형적인 꽃다발은 형태와 색상, 구조의 대비를 조화롭게 표현하여 긴장감을 보여준다. 전형적으로 비대칭 디자인을 이루나 대칭도 할 수 있다.

(4) 평행적인 꽃다발

여러 개의 묶음점(밴딩 기법) 혹은 하나의 묶음점을 강조하므로, 줄기는 일직선으로 배열하고 투명하며 길이가 긴 화기를 사용한다.

(5) 구조적인 꽃다발

자연적인 소재, 아크릴, 와이어 등의 소재들을 이용하여 질감의 대비를 극대화시킨다. 외곽이 열려 있는 공간 혹은 닫힌 공간이 될 수도 있다. 대칭 혹은 비대칭으로 제작할 수 있다.

(6) 비더마이어(Biedermeier)

비더마이어는 중심에서부터 소재와 소재 간의 공간이 없도록 촘촘하게 가득 채우면서 제작하는 형태이다. 제작의 형태는 원이나 나선 모양을 유지하기 위해 일정한 크기의 매스를 강조하거나 서로 다른 질감의 소재들을 사용하여 시각을 유도하기도 한다.

3. 핸드타이드의 제작 과정

1) 한 손으로 꽃들을 잡고 제작하므로 시작하기 전 사용할 꽃들을 종류별로 다듬어 구분해 놓는다. 제작시 교차와 평행을 동시 사용하면 안된다.
2) 중심에 들어가는 2~3개의 꽃은 일직선으로 시작한다.
3) 줄기는 엄지와 검지로 자연스럽게 고리처럼 잡고 있어야 공간의 여백이 많아 꽃을 펼치는데 줄기를 가지런히 놓을 수 있다.
4) 시계의 반대 방향으로 스파이럴(Spiral)이 되게 형태를 잡으며 제작한다.
5) 줄기가 약한 꽃들은 중심에다 넣어 부러짐을 방지한다.
6) 화려하고 큰 꽃들은 외곽보다는 중심에서 넣어 형태의 비율을 고려한다.
7) 유사색조화, 보색조화, 다색조화 등의 색상을 고려한다.
8) 바인딩 포인트는 처음 시작한 부분이 마무리 부분과 같아야 하며, 손잡이 아랫부분의 줄기는 깨끗해야 한다.
9) 줄기를 묶을 때 첫 번째 돌리고 두 번째 돌릴 때 끝과 끝끼리를 잡아당겨 다시 돌리고 두세 번 잡아 당겨서 마무리한다.
10) 바인딩 포인트(손잡이)는 라피아 또는 마끈으로 3줄 혹은 4줄 정도로 줄기가 부서지지 않도록 견고하게 묶어준다.
11) 손잡이 아랫부분의 길이는 디자인의 형태에 따라 설정하여 자른다.
12) 줄기 끝부분은 반드시 사선 처리를 하여야 한다.
13) 완성된 작품은 화기 위에서 줄기가 균등하게 되어 세워져야 한다.

4. 핸드타이드의 제작시 유의사항

1) 어떤 용도로 사용될 것인가 ⇒ TPO의 명확성

2) 어떤 소재를 사용할 것인가 ⇒ 형태에 따른 표면 구조와 테마 분석

3) 어떤 유형으로 할 것인가 ⇒ 구조적 또는 장식적, 대칭형 또는 비대칭형의 꽃 배열

4) 어떤 색상을 선택할 것인가 ⇒ 화기에 맞는 프로모션의 색채 배분, 악센트의 유무

5) 완성 후의 뒷면 처리는 어떻게 할 것인가 ⇒ 전체 요소의 연결

∷ 다래넝쿨, 장미, 나리, 줄맨드라미, 측백, 라피아

다래넝쿨로 원형의 프레임을 만든 후 다래넝쿨의 중심 아랫부분과 윗부분을 고정하여 입체감을 준 작품이다. 원형의 모양이 이루어지도록 꽃을 넣고 줄맨드라미를 이용해 외곽에서 행잉으로 넣어 자연스러움을 강조하였으며, 자연적 색상 질감을 갖고 있는 라피아를 꽃 색상에 맞게 연출하였다.

원형(Round style)

:: 컬러와이어(은색), 안수리움, 솔리다스터, 리시안샤스, 거베라

컬러와이어를 구부려 원형 프레임의 2개(지름 30㎝)를 제작한다. 아랫부분은 와이어를 고정하여 손잡이를 만들고 공간이 좁으므로 줄기가 가는 꽃을 사용한다. 원 형태로 안수리움, 거베라 등을 꽂는다. 중심에는 3개의 18번 와이어를 고정시킨다. 컬러와이어로 만든 원형 프레임을 윗부분에 덮는다. 색상이 주는 발랄하고 귀여운 핸드타이드를 연출하였다.

:: 장미, 백합, 솔리다스터, 스마일락스, 컬러와이어, 소국

컬러와이어로 평면의 원형 프레임(지름 30㎝)을 제작한다. 손잡이는 원형 프레임의 중심에 고정하고 장미, 백합, 소국 등을 넣고 꽃 사이에는 솔리다스터를 꽂는다. 이 원형 프레임의 외곽에는 스마일락스를 넣어 주어 분홍색의 장미와 사랑스러운 느낌을 연출하고, 스마일락스의 운동성과 함께 싱그럽고 푸르른 봄을 연상케 하는 작품이다.

원추형(Cone style)

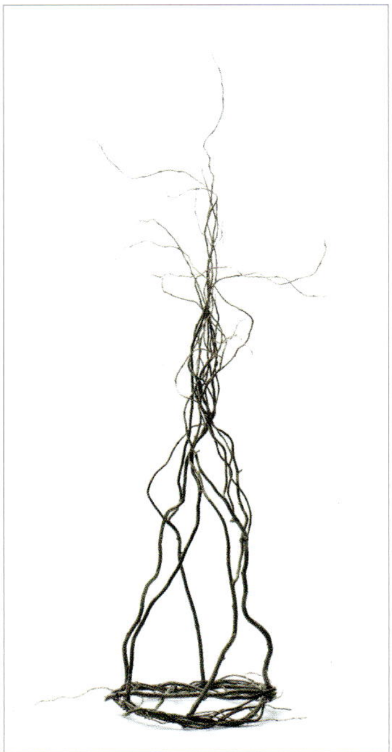

:: 곱슬버들, 백합, 거베라, 글라디올러스, 소국

원형의 프레임은 중간 길이의 곱슬버들 줄기로 만들고, 곱슬버들의 중간과 끝선을 잘라 5~6줄기를 원형의 프레임에 고정한다. 프레임의 중앙에 18번 와이어를 이용하여 제작시 불편함이 없도록 3개의 고정지지대를 만든다. 줄기가 직선의 꽃인 글라디올러스를 중심부터 잡아주고 백합, 소국, 거베라 등을 넣고 원추형 디자인을 형성하여 크고 화려한 핸드타이드를 표현한 작품이다.

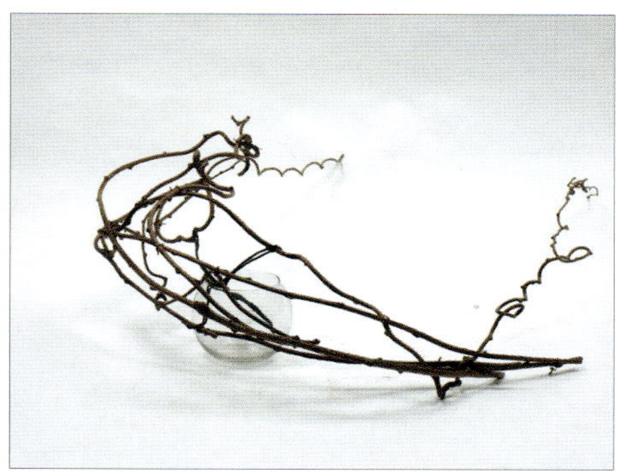

∷ 아스파라거스, 칼라, 호접란, 다래넝쿨, 마디초

마디초 줄기에 18번 와이어를 넣고 활형의 프레임을 제작한다. 가는 다래넝쿨의 줄기는 프레임의 옆과 윗부분에 완성도 있게 연결한다. 18번 와이어로 프레임의 중앙에 손잡이를 만들어 준다. 제작한 프레임의 위에는 외곽선으로 칼라를 넣고 중앙 부분에 호접란을 배치하고, 다래넝쿨과 아스파라거스를 이용하여 부피감을 살려 연출한다. 수평형의 활 모양이 부각될 수 있도록 긴 줄기의 소재들을 운동성 있게 표현한다.

수평형(Horizontal style)

:: 호접란, 아스파라거스, 풍선초, 마디초, 소국, 거베라, 스프레이카네이션

마디초 줄기에 와이어를 삽입하여 수평의 형태로 구조를 만든 후 중심에 18번 와이어로 손잡이를 만든다. 아스파라거스 줄기를 수평의 공간으로 만든다. 호접란을 중심부분에 넣고 스프레이카네이션을 외곽에 넣어 수평형의 형태를 만든 작품이다.

:: 삼지닥, 필로덴드론, 글로리오사, 다알리아, 장미, 측백, 호엽란

수평 방향으로 삼지닥의 직선적인 선을 입체감 있게 프레임을 형성하고 위와 아랫부분을 부피감 있게 고정하고, 프레임을 지지할 수 있는 손잡이는 지철사로 만든다. 수평형의 틀에 투명감 있게 꽃을 넣어주며 운동성이 있는 줄기나 꽃을 사용한 작품이다.

:: 말채, 필로덴드론, 아마란사스, 호엽란, 장미, 유도화

말채를 가지고 삼각형의 프레임을 만들어 교차한 프레임을 여러 개 형성하여 고정한다. 중심에는 18번 와이어로 손잡이를 만든다. 교차된 공간에 장미, 유도화, 호엽란과 필로덴드론을 넣고 아마란사스의 행잉 운동성을 살려 표현한 작품이다. 색상의 면과 선의 구조적인 형태를 잘 표현하였으며, 색상대비로 강렬한 인상을 준다.

:: 대나무 줄기(그린색), 글로리오사, 다알리아, 거베라, 옥시펜타니움, 소국, 장미, 측백

대나무 줄기로 교차를 만들어 케이블타이로 고정하고, 입체감을 주기 위해 중심 쪽에서 대나무 줄기를 부피감 있게 세운다. 장미를 중심에 넣고 글로리오사의 운동성을 살려서 장미 사이에 넣어주며 외곽에 얼굴이 큰 꽃들을 넣어 풍성함을 살려 균형을 잡아 마무리한다.

구조형(Structured style)

마디초, 다래넝쿨, 글로리오사, 장미, 필로덴드론, 나리, 과꽃, 연산홍, 맨드라미

18번 와이어를 마디초 줄기에 넣고 사각형의 프레임을 만든다. 지철사를 이용하여 줄기를 고정시키고, 18번 와이어를 넣어 손잡이를 만든다. 중심 부분에는 다래넝쿨을 가지고 자연스럽게 고정시켜 부피감을 준다. 얼굴이 큰 나리를 중심 부분에 배열하고, 연산홍의 선을 살려 프레임이 가지고 있는 딱딱함을 자연스럽게 어울리게 하면서 모던하고 현대적인 디자인을 표현한 작품이다.

:: 장미, 나리, 스토크, 유칼립투스, 말채

말채로 길이가 1cm 정도 차이가 나는 정사각형의 프레임(3개)을 만들고 서로 연결한다. 큰 정사각형의 네 면에는 각각 말채 하나씩 고정하고, 3개의 프레임으로 연결된 정사각형의 윗쪽은 입체감 있게 정사각형의 프레임을 만들어 연결한다. 중심에는 18번 와이어로 손잡이를 고정하고 나리꽃을 중심에 넣고 장미, 스토크, 유칼립투스 등을 꽂아 심플한 말채 구조에 화려한 색상을 표현했다.

구조형(Structured style)

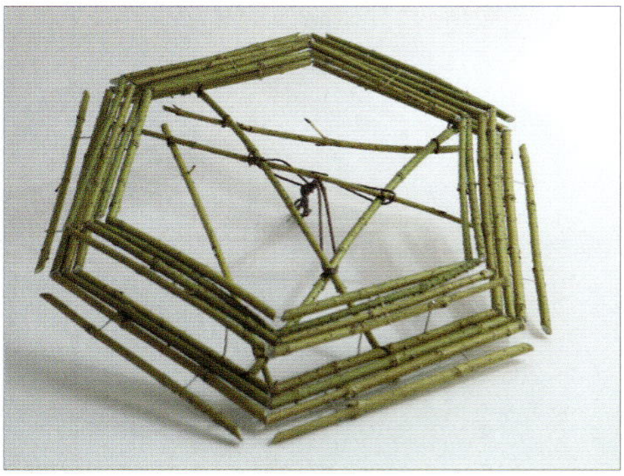

:: 나리, 거베라, 스마일락스, 호엽란, 카네이션, 스토크, 말채

말채로 길이가 1㎝씩 정도가 차이가 나는 육각형의 프레임을 여러 개를 만든다. 윗쪽에 육각형의 형태를 좀더 작게 만들어 입체감 있게 연결해준다. 중심에는 교차를 만들어 손잡이를 고정하고 활짝 핀 나리꽃을 넣고 거베라, 스토크, 카네이션 등을 자연스럽게 넣어준다. 말채의 직선에서 느끼는 모던함을 육각형의 이중 구조로 보여주면서 말채의 심플함과 섬세함이 돋보인다.

:: 느티나무, 안수리움, 온시디움, 편백, 유칼립투스

느티나무의 잔 가지들을 서로 교차로 연결하여 평면 모양의 프레임(2개)을 만들고 이를 서로 연결하여 이중 느티나무의 프레임으로 만든다. 프레임의 중심에는 손잡이로 고정하고 안수리움을 중심에 넣고 온시디움과 유칼립투스 등은 외곽에 넣어 준다. 느티나무의 섬세한 선들과 온시디움의 운동성, 안수리움의 화려한 색상 등이 작품의 풍성함과 자연스러움을 보여준다.

:: 해바라기, 마디초, 필로덴드론, 솔리다스터

18번 와이어를 마디초의 줄기에 넣고 기하학적인 정사각형의 프레임을 만들어 필로덴드론과 솔리다스터로 채운다. 작은 해바라기의 얼굴을 마디초의 공간에 배치하여 투명감있게 입체적으로 연출한 작품이다.

:: 화살나무, 거베라, 러넌큐러스, 디디스커스, 아스파라거스, 더글라스, 안수리움

일정한 크기로 자른 화살나무를 서로 교차하면서 원형 프레임을 만들고 고정한다. 이 고정한 화살나무의 프레임에 손잡이를 만들고 길이가 긴 소재인 더글라스를 받침으로 넣고 중심에는 안수리움, 사이에 디디스커스, 러넌큐러스 등을 넣고 마무리한다. 화살나무의 거친 질감이 더글라스 소재가 주는 자연스런 질감과 잘 어울리며, 무게감을 주는 소재들과 강한 색상의 안수리움이 잘 어울린다.

구조형(Structured style)

:: 곱슬버들, 유칼립투스, 데피늄, 안수리움, 나리, 디디스커스

곱슬버들의 중간 가지를 이용하여 원형의 프레임을 제작한다. 그 중심에는 곱슬버들의 중간 가지를 서로 교차하면서 손잡이를 만들어 고정한다. 구조물의 중심에는 나리를 넣고 외곽은 안수리움, 디디스커스 등을 넣고 유칼립투스로 마무리한다. 청색의 화기, 보라와 청색 계열의 꽃 소재는 캐주얼하면서 신선한 느낌을 연출한다.

:: 버들가지, 호엽란, 스카비오사, 디디스커스, 카네이션, 안수리움, 거베라, 나리

버들가지의 딱딱한 아래 부분을 자르고 중간 주지를 교차하면서 원형의 프레임(2개)을 만든다. 그 중심에는 손잡이를 고정한다. 프레임의 중심에는 나리를 넣고 외곽에는 안수리움, 나리의 봉오리 등을 외곽 방향으로 확대하면서 꽃들을 꽂는다. 버들의 프레임을 위쪽에 넣어주므로 들여다 보는 프레임의 흥미로움이 다색 색상과 함께 작품의 화려함을 극대화시킨 작품이다.

:: 대나무라인, 극락조화, 거베라, 장미, 리시안샤스, 유칼립투스, 알스트로메리아, 엽란

수직 모양의 바구니 프레임을 대나무라인으로 만든 후 그 중심에는 철사로 손잡이를 만들어 고정한다. 대나무라인을 이용하여 초승달의 프레임(3개)을 만들어 안쪽의 중심을 고정하고 극락조화를 넣고 아래쪽에는 유칼립투스를 넣고 거베라, 장미, 알스트로메리아 등을 넣어 마무리한다. 극락조화와 대나무라인의 색상이 새장 안의 색상과 잘 어울리는 꽃다발이다.

PART 3_

부케

B o u q u e t

부케

(Bouquet)

1. 부케의 개요

부케(Bouquet)는 'bush'를 어원으로 하여 만들어졌으며, 프랑스어로 '꽃이나 향이 있는 풀의 묶음'을 말한다. 기원전 400년부터 유래된 부케는 신부의 머리에 꽃과 향신(허브)으로 장식된 갈란드를 사용했으며, 로마 시대에는 "신이 가장 좋아하는 황금색은 행운을 가져다 준다"고 믿어 황금색의 면사포를 썼다. 또한 중세에는 다산을 기원하는 뜻에서 곡식의 다발로 했다.

2. 부케의 종류

(1) 사용 목적에 따른 부케의 종류

- 브라이달 부케(Bridal Bouquet) : 신부가 혼례를 올릴 때 사용하는 부케
- 고잉 어웨이 부케(Going Away Bouquet) : 신혼여행에 사용하는 부케
- 쇼 부케(Show Bouquet) : 피로연 부케
- 브라이즈 메이드 부케(Bride's Maid's Bouquet) : 신부 들러리용 부케

(2) 기술적인 부케의 종류

- 부케 홀더를 이용한 부케 : 부케 홀더는 플로랄폼을 이용하여 꽃을 꽂아 제작하기 때문에 꽃이 쉽게 빠지게 되므로 생화글루를 사용하여 제작한다. 반면 초보자도 쉽게 부케를 만들 수 있고 화재의 수명을 오랫동안 유지하기에 좋다.
- 자연 줄기를 이용한 부케 : 소재의 줄기를 살려 자연스러움을 최대한 표현하며 만든다.
- 와이어를 이용한 부케 : 꽃의 줄기를 철사로 대체하여 줄기를 마음대로 구부릴 수 있다.

(3) 부케의 형태에 따른 종류

- 원형 부케(Round Bouquet) : 부케의 가장 일반적이고 전통적인 부케 스타일이며, 중심을 위주로 대칭구조이다.

- 초승달형 부케(Crescent Bouquet) : 손잡이를 중심으로 좌우가 비대칭이며 곡선 형태을 완만하게 하여 표현한다.
- 캐스케이드형 부케(Cascade Bouquet) : 원형 형태에 갈란드를 연결하여 폭포의 흐름을 연결하듯이 표현하는 라인이 아름다운 형태이다.
- 삼각형 부케(Triangular Bouquet) : 삼각형 부케의 상부 좌우에 작은 삼각형 모양을 연결하여 전체적인 형태가 부등변삼각형이나 이등변삼각형 형태의 스타일이다.
- 폭포형 부케(Water-fall Bouquet) : 폭포수처럼 소재들이 흘러내리거나 아래로 뚝 떨어지는 듯한 느낌의 디자인으로, 꽃 이외의 늘어지는 소재나 그 밖의 와이어, 구슬, 실 등의 재료를 사용하여 반짝이는 물줄기를 표현한다.
- S-자형(S-curvel Bouquet) : S-자형의 위와 아래의 비율이 '1:2:3'로 두 개의 갈란드를 중심부에서 연결하는 형태이다. 이때 갈란드의 끝과 포컬 포인트는 일직선 상에 맞춰 제작되어야 하며, 중심점을 기준으로 어느 한쪽으로 치우치지 않게 두 개의 반구형이 서로 잘 놓여져야 한다.
- 링형(Ringl Bouquet) : 리스에서 고안된 형태로 손잡이를 따로 제작하고 리본을 이용할 수 있어서 이동하기 용이하고 포인트를 주고자 하는 꽃 소재를 이용하면 장식적인 효과를 높일 수 있게 된다.

이외에는 자유형(Free-style), 파라솔 부케 등 다양한 형태들이 있다.

3. 와이어링 기법(철사를 다루는 방법)

절화, 잎, 가지 등은 소재 자체의 방향성을 갖고 있다. 이러한 각각의 특성을 가지고 있는 소재들을 더욱 효과적으로 표현하기 위해서는 와이어링 기법을 사용한다.

(1) 후킹 메서드(Hooking Method)

꽃의 중심부에 와이어 끝을 갈고리 모양으로 구부려 밑으로 찌르면서 위에서 아래로 관통시키는 방법

(2) 크로스 메서드(Cross Method)

꽃받침 부분에 장미, 카네이션 등을 크로스로 찔러서 직각이 되도록 구부린다. 와이어가 약할 때 이 방법으로 하면 견고해진다.

(3) 피어싱 메서드(Piercing Method)

장미, 카네이션 등의 꽃받침 부분에 와이어로 줄기와 직각이 되게 찔러 넣어 두 가닥이 되게 구부리는 방법이다.

(4) 소잉 메서드(Sewing Method)

꽃이나 잎을 바늘로 천을 꿰매듯이 와이어를 가지고 바늘로 꿰매는 방법이다.

(5) 트위스팅 메서드(Twisting Method)

와이어를 찌를 수 없는 약한 꽃들을 모아서 꽃들을 묶어 주는 방법으로 사용 빈도가 높다.

(6) 헤어핀 메서드(Hair-pin Method)

머리핀 모양으로 구부려서 연약한 잎이나 꽃잎에 꽂아 보강하는 방법이다.

(7) 인서션 메서드(Insertion Method)

줄기 속이 비어있는 줄기에 와이어를 찔러넣어 줄기가 휜 것을 세우거나 자연줄기에 곡선을 표현하는 방법이다.

(8) 시큐어링 메서드(Securing Method)

줄기를 구부리거나 약한 줄기를 보강할 때 와이어를 줄기의 아랫쪽 방향으로 감는 방법

(9) 클러치 메서드(Clutch Method)

꽃, 줄기에 와이어가 걸릴 수 있도록 만들어 주는 방법

(10) 루핑 메서드(Looping Method)

철사를 구부리거나 동그랗게 구부려서 부드러운 코튼에 물을 적셔 끼워넣는 방법으로, 주로 약한 꽃이 시들지 않도록 할 때 주로 사용한다.

(11) 익스텐션 메서드(Extension Method)

처음에 사용한 와이어링 방법이 약하거나 짧아서 보강하는 방법 등으로, 두 가지 이상의 와이어링을 함께 하는 방법이다.

4. 와이어링 이후의 처리 방법

와이어링 이후의 마무리 작업으로 와이어링이 시작된 지점에서 줄기를 감싸주는 테이핑 작업이 필요하다. 이때 플로랄 테이프가 필요하다. 이 테이프는 와이어로 만든 줄기를 자연줄기처럼 보이게 만들고, 줄기의 절단면에서 수분이 증발하는 것을 막아주는 작업이다. 플로랄 테이프는 주로 흰색, 녹색, 갈색, 연두색 등의 다양한 색상이 있는데 주로 녹색을 많이 사용한다. 와이어로 꽃줄기에 연결할 때 감아주며 꽃들끼리 연결할 때도 사용한다. 테이프는 잡아 당기면 끊어진다.

⬆ 플로랄 테이프의 늘리기 전후 사진

(1) 플로랄 테이프를 감는 방법

와이어링되어 있는 줄기 부위에 플로랄 테이프를 감으면서 고정한 다음 비스듬히 적당한 강도로 당기면서 감으면서 내려간다. 줄기에 감겨지는 부분이 너무 도톰하게 감기지 않도록 해야 한다.

5. 부케의 제작시 유의사항

– 부케는 들기 쉽고, 가볍고, 견고하게 제작한다.
– 부케는 신부의 체형, 키, 개성과 이미지 등을 참고하여 제작한다.
– 꽃은 식이 끝날 때까지 싱싱하게 유지하여야 하므로 가능한 한 제작은 단시간에 구성해야 하며, 무엇보다 꽃 선택이 중요하다.
– 부케의 물이 옷이 묻지 않도록 물기 처리를 해야 하고, 염색한 꽃 또는 생화 제작시 철사와 꽃 수술이 신부의 웨딩 드레스를 손상시키지 않도록 한다.
– 부케는 중심에서 뿐만 아니라 측면에서도 구성과 균형의 표현이 중요하다.
– 부케의 손잡이 굵기는 신부가 잡기에 좋은 굵기로 해야 하고, 손으로 잡았을 때 밖으로 2.5㎝ 정도의 여유가 남아 있도록 한다.

6. 코르사주(Corsage)

코르사주는 '여인의 허리를 중심으로 상반신이나 의복에 장식하는 작은 꽃다발'이라는 의미에서 유래되었다. 현재 코르사주는 결혼식과 각종 연회와 모임에 남자나 여자가 사용하는 몸 장식을 의미한다. 주로 여성들은 가슴, 어깨, 머리, 목, 팔목, 발목 등에 장식하며, 남성들은 양복 주머니에 꽃 한 송이를 꽂거나 넥타이 대신 장식하는 경우가 많다. 코르사주는 무거워서 옷을 잡아당기는 일이 없도록 착용하기 쉽고 가볍게 디자인해야 하고, 좋은 품질의 꽃을 사용하며 꽃 이외 부분은 모든 와이어로 감싸야 한다.

– 헤어 오너먼트(Hair Ornament) : 옷의 분위기에 맞추어 머리에 장식하는 코르사지로 자잘한 꽃이나 필러 플라워를 주로 사용한다.
– 어깨에 걸치는 코사지(Shoulder Corsage) : 숄더 코사지는 어깨부터 등에 늘어뜨리는 형태로 자연스럽고 우아한 외향을 갖도록 한다.
– 브레스렛(Bracelet) : 결혼식 혹은 파티 때 손목에 장식하는 용도로 사용한다.
– 웨스트(Waist) : 허리의 앞 방향에 벨트장식용으로 사용된다.
– 앙그렛트(Anklet) : 발목에 장식하는 용도로 사용한다.

7. 부토니어(Boutonnière)

부토니어는 신랑 가슴에 다는 꽃으로, 신랑의 상의 단추 구멍에 꽂는다고 하여 '버튼 홀 플라워(Button Hole Flower)'라고 하기도 한다. 필러 플라워와 잎이 달린 꽃 한송이가 부토니아의 일반적인 소재이다.

:: 마디초, 소국, 안수리움 잎, 거베라, 호접란, 장미, 스틸그라스

18번 와이어를 마디초 줄기에 넣고 부드럽게 구부려 20㎝의 원형 프레임을 만든 후 밑면에 수직 구조를 만들어 부케의 지지대를 형성해준다. 둥근 마디초 안으로 얼굴이 큰 거베라를 넣고 그 사이에 장미와 소국을 넣어 제작한 꽃줄기를 고정하여 녹색 테이프로 감고 스틸그라스로 줄기를 고정한 작품이다. 스틸글라스가 직선적이고 긴 형태이기에 키가 큰 신부에게 어울리며 마디초의 프레임이 인상깊다.

:: 마디초, 퍼푸리움, 장미, 리시안사스, 카파와이어, 소국

18번 와이어를 마디초 줄기에 넣고 부드럽게 구부려 20㎝의 원형 프레임을 만든 후 프레임의 중앙에 손잡이로 잡을 수 있도록 5㎝ 간격의 2줄씩 십자 형태를 만들어 중심에는 손잡이를 고정한다. 그 위에 돔 형태의 디자인으로 리시안샤스, 장미 등을 넣어준다. 원형의 프레임에 어긋나지 않도록 하며 자연스럽고 화사한 느낌으로 조합해준다. 키가 작고 귀여운 신부에게 어울리며, 흰색과 분홍색의 로맨틱한 색상으로 사랑스럽고 귀엽게 연출한 작품이다.

:: 마디초, 나리, 장미, 리시안샤스, 카파와이어, 소국, 유칼립투스, 루모라고사리

18번 와이어가 삽입된 마디초 줄기 10개를 만들고 이 중에서 마디초 긴 선(2개)를 양쪽으로 고정한다. 고정한 마디초의 중심 폭은 20㎝이며, 중심선과 양쪽 끝의 공간 사이에는 교차를 주면서 초승달의 프레임이 되면 프레임의 1/3의 윗 지점에서 손잡이를 만든다. 이 손잡이를 중심으로 꽃과 소재에 와이어들을 조립한다. 꽃은 손잡이 부분에 밀집되게 라운드형으로 꽂아 서서히 흩어지는 듯한 연결 형태로 선의 흐름을 방해하지 않은 초승달형 부케를 나타내었다.

:: 마디초, 루모라고사리, 유칼립투스, 리시안샤스, 나리

초승달형 비대칭 디자인으로 앞에서 본 디자인의 응용작으로 마디초에 와이어를 삽입하여 프레임을 입체적으로 구성한 스템형 부케이다. 투톤의 색상대비를 주어 싱그럽고 화사한 느낌을 준다. 또한 키가 크고 모던한 디자인의 웨딩 드레스에 어울린다.

캐스케이드형(Cascade style)

:: 루모라고사리, 나리, 유칼립투스, 거베라, 장미, 리시안샤스

나리의 봉오리 부분은 유칼립투스와 함께 줄기를 이용하여 자연스럽게 아랫쪽으로 흘러내리게 하고, 꽃 길이는 나리꽃 봉오리의 꽃얼굴 길이만큼 짧게 하고 이 사이에 유칼립투스를 연결하면서 나리와 리시안샤스 등을 넣는다. 부케의 중심에는 활짝 핀 나리, 리사안샤스와 유칼립투스 등을 짧게 조립한 꽃들을 모아 원형의 프레임으로 만들고 뒷쪽으로 루모라고사리를 넣어 캐스케이드 형태를 만들어 자연스럽게 연결해준다.

:: 루모라고사리, 나리, 유칼립투스, 마디초, 리시안샤스

자연줄기를 이용한 트라이앵글의 내추럴한 스템 부케이다. 삼각형 부케는 중앙 라운드형 기준으로 갈란드 3개가 생기며, 8:5:3의 비율로 디자인한다. 키가 큰 신부에게 어울리며 자연스러운 느낌을 살려 풍성하게 연출한다.

구조형(Structured style)

:: 마디초, 컬러와이어, 호접란, 스마일락스, 카파와이어

18번 와이어를 마디초 줄기에 넣고 평면의 정사각형 프레임(2개)을 만든다. 이 프레임들을 서로 연결하여 5㎝ 두께가 되는 정사각형 프레임이 되도록 입체적으로 만든다. 손잡이 부분은 컬러와이어로 작은 원 모양으로 구부리면서 만든 원형을 사각형의 모서리에 수직으로 고정한다. 호접란과 스마일락스를 카파와이어로 감으면서 갈란드를 만들어 정사각형 중심의 공간에 넣고 늘어뜨린 듯한 분위기를 연출한 모던한 형태의 부케이다.

:: 컬러와이어(은색), 스마일락스, 호접란

컬러와이어가 가지고 있는 곡선의 형태를 가지고 눈물방울 모양으로 표현한 부케이다. 1m 길이로 컬러와이어 6개를 잘라 손으로 약간 펴주고 눈물방울의 프레임을 만들어 은색 카파와이어로 고정한다. 프레임의 윗부분은 일직선으로 모아 밴딩의 디자인 형태를 보여 주며, 손잡이는 원형의 모양으로 고리를 만들어 고정한다. 꽃들이 서로 이야기하듯이 프레임의 안쪽으로 호접란과 스마일락스를 넣어 준다.

:: 심비디움, 컬러와이어(은색), 스마일락스, 폼보드, 칼라

폼포드로 크고 작은 원형 모양으로 링 5개를 만들어 은색 컬러와이어를 부드럽게 돌려가면서 교차된 지점에서 고정한다. 운동성이 있는 칼라와 스마일락스를 부드럽게 연결하여 와이어의 형태대로 고정을 한다. 포인트로 심비디움을 넣어 더욱 리드미컬하게 표현한 터널형 작품이다. 키가 큰 신부에게 어울리며, 노란색 계열을 주조색으로 사용하여 따뜻한 감성을 느낄 수 있도록 연출하였다.

:: 말채, 컬러와이어, 호접란, 스마일락스, 엽란

초승달 프레임은 2개의 초승달 형태를 만들어 엽란을 붙여주고 엽란 위에 말채줄기를 얇게 썰어 생화본드로 붙이고 컬러와이어로 2개를 연결해서 만든다. 2개의 초승달 프레임의 중심에는 엽란을 붙여 입체감을 주고 부케 손잡이는 초승달 프레임의 2/3 지점에 고정하고 호접란과 스마일락스는 갈란드를 만들어 공간에 늘어뜨린다. 초승달 형태의 부케는 형태에서 오는 곡선의 아름다움과 말채 줄기의 단면의 질감이 시선을 유도하는 우아한 느낌의 부케이다.

:: 유칼립투스 잎, 스마일락스, 반다, 반다뿌리, 수염틸란데시아, 컬러와이어

활처럼 곡선이 그려진 보겐(Bogen) 디자인을 변형한 부케이다. 원형 볼에 글루잉 기법을 사용하여 잎을 붙였으며, 녹색의 유칼립투스 잎과 반다의 자주색의 색상대비로 매혹적이며 여성스러운 느낌을 살렸다. 흘러내리는 소재를 가볍게 연출하여 싱그럽고 신비한 느낌을 자아낸다.

∷ 깃털, 스마일락스, 호접란, 컬러와이어, 엽란, 히아신스, 진주, 엽란

7㎝ 길이의 컬러와이어를 30개 정도 준비하고 6개씩 서로 연결하면서 긴 줄로 5개를 만든다. 상단의 중심에는 선들을 고정할 수 있는 원형 형태의 크고 작은 링을 2개 만들어 링 중간에 엽란을 붙여주고 링 모양의 엽란 위에는 깃털을 붙여 주고 링의 중심에는 고리를 만들어 부케 손잡이를 고정하고 긴 줄 5개를 원형의 외곽으로 연결해주고 중심에는 와이어로 꽃들을 연결한다.

:: 깃털, 엽란, 말채, 컬러와이어, 히아신스, 호접란, 진주

엽란과 컬러와이어로 나리꽃 모양을 만들고 잎과 잎 사이에 깃털을 붙여 그린잎의 무거운 느낌을 화사하며 부드럽게 표현한다. 꽃 중심에는 카파와이어로 꽃수술 모양을 만들고 얇게 썬 엽란 줄기를 수술의 끝부분에 꽂아준다.

손잡이 줄기는 원형의 판을 만들어 고정하고 말채의 단면을 잘라 생화글루를 붙여준다. 그 아래 24번 철사로 호접란과 히아신스를 꽂아 연결한다. 키가 큰 신부에게 잘 어울리며, 나리꽃과 깃털의 우아함이 돋보이는 부케이다.

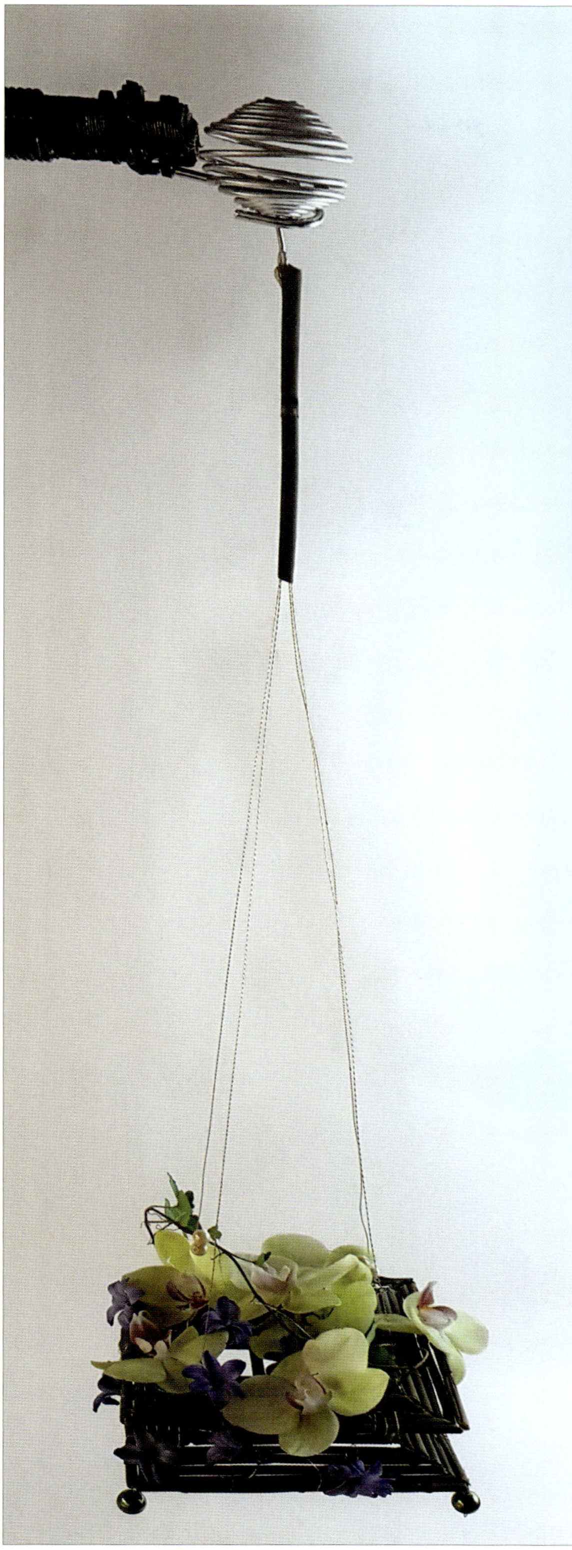

:: 마디초, 컬러와이어, 호접란, 아이비, 진주

18번 와이어를 마디초 줄기에 넣고 정사각형(2개)을 만들고 연결하는 중심에는 5㎝ 두께로 정사각형의 프레임을 입체적으로 만든다. 손잡이는 카파와이어를 길게 만들어 손잡이에 연결하여 수평으로 만들어 마디초 프레임과 연결한다. 이 마디초의 프레임 위에는 호접란과 아이비를 자연스럽게 넣어주고 사각의 모서리에 그린색 진주를 달아 준다. 시선이 중심의 아래로 가는 부케로 체형이 마른 신부에게 잘 어울리는 부케이다.

코르사주(Corsage)

:: 양란, 유칼립투스, 시네시스, 메탈

:: 칼라, 수국, 다래덩쿨, 엽란, 와이어

:: 호접란, 호엽란, 편백, 유칼립투스, 리본

:: 안수리움, 수국, 곱슬버들, 리본

:: 호접란, 아이비, 히아신스, 컬러와이어

:: 글로리오사, 엽란, 수국, 카파와이어

PART 4_

리스

W r e a t h

리스
(Wreath)

1. 리스의 개요

리스(Wreath)는 "시작과 끝이 없는 불멸과 영원한 삶"을 의미하며, 꽃과 부소재를 활용하여 원형 형태로 어렌지하는데 독일에서는 '크란츠(Kranz)'라고 불리운다. 일반적으로 리스는 화환용으로 많이 쓰인다. 화환의 원은 끝없는 시작을 상징하며, 기독교에서는 영원성과 불멸의 삶을 상징적으로 강조하고 있다.

리스는 고대 올리픽게임에서 마라톤 우승자에게 승리를 축하하기 위해 월계수 잎으로 월계관을 만들어 씌워 준 것이 계기가 되었다. 국내에는 1900년 초에 선교사들에 의해 도입이 되었고, 초기에는 스티로폼으로 원형의 형태를 만들고 이 위에 종이로 덮는 형태로 제작했었다.

2. 리스의 특징

리스(Wreath)는 일반적으로 사용되고 있는 경조화환과는 다른 형태의 화환으로, 다음과 같은 특징이 있다.

- 리스는 계절에 상관없이 사용할 수 있으며, 이동성이 좋고 선물용으로 적합하다.
- 리스의 기본틀에다 소재만 바꿔 쓸 수 있어서 재활용할 수 있다는 특징이 있다. 이때 소재는 장식 목적에 따라 생화, 건조화, 열매, 솔방울, 금속, 리본 등의 다양한 부소재를 사용할 수 있다. 꽃보다는 소재가 가지고 있는 다양한 질감이 적절하게 표현할 수 있다.
- 버드나무, 말채 등으로 리스의 기본틀을 만들 때는 한쪽 방향으로 계속 엮어가는 것이 좋다.
- 리스의 굵기에 있어서는 직경 기본형의 비율은 1 : 1.6 : 1로 한다.

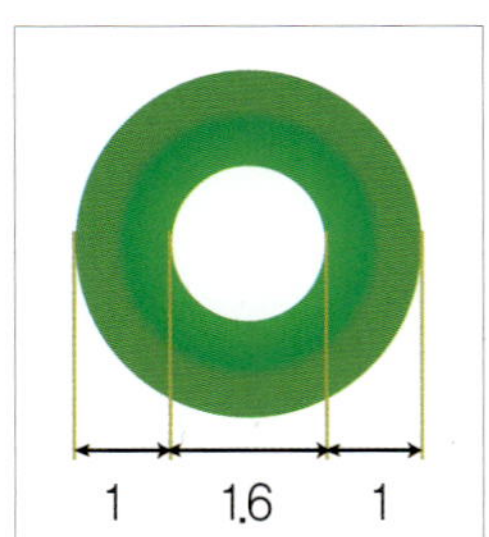

3. 리스의 종류

리스는 소재의 종류, 형태, 색, 질감에 따라서 다양하게 표현되며. 대략적인 종류는 다음과 같다.

(1) 식생적인 리스

리스는 식물을 사용하여 사회학적인 것에 중점을 두며, 그룹짓기의 표현을 명확하게 제작한다.

(2) 장식적인 리스

리스는 같은 소재를 좌우 대칭적으로 꽂으며 높낮이와 공간, 질감, 색상 등을 이용하여 변화를 준다.

(3) 선 · 형적 리스

리스는 비대칭으로 선과 형태를 살려서 디자인한다.

(4) 구조적인 리스

리스의 구조를 만들 수 있는 소재를 선택한다. 이때 곡선과 직선이 가지고 있는 운동성을 최대한 활용한다. 곡선의 소재는 최대한 긴 가지를 구부려서 원형의 틀을 투명감있게 제작하고 한 가지의 소재를 가지고 틀을 제작하는 것이 좋다.

4. 리스의 제작시 유의사항

- 리스의 측면과 옆면에서 자른 단면은 반구형으로 입체감이 있어야 한다.
- 리스의 꽃은 외곽이 아닌 링 안에서 표현되게 제작한다. 이때 리스의 곡선은 시각적으로 원 모양이 뚜렷하게 나타내야 한다.
- 링 플로랄폼으로 제작할 경우에는 꽃 소재는 짧게 잘라 폼 속으로 줄기 자체가 깊숙이 꽂아야 한다.
- 리스를 구조형으로 제작할 경우에는 윗면이 전반적으로 평평하도록 하며 운동성이 있는 대가지 꽃들을 주로 사용한다.

:: 칼라, 곱슬버들, 필로덴드론, 엽란 잎, 다래넝쿨

곱슬버들을 이용한 원 형태의 프레임을 입체적으로 만든다. 엽란 잎으로 칼라와 다래넝쿨을 감싸 연결하고, 칼라 줄기로 구조적인 형태와 선적인 아름다움을 나타낸 작품이다. 필로덴드론과 칼라 줄기로 그린 색감을 더욱 강조하였으며 녹색과 흰색의 색상대비로 신선하고 싱그러움을 표현하였다.

:: 글로리오사, 거베라, 안수리움, 스마일락스, 디디스커스, 곱슬버들, 스카비오사

곱슬버들의 가지들을 이용하여 원형의 프레임을 만들고 대가치의 꽃인 안수리움, 스카비오사 등을 넣고 사이에 거베라와 스마일락스를 넣어 마무리한다. 곱슬버들 프레임의 심플함이 대가치의 꽃들과 투명함이 잘 표현한 리스이다.

:: 말채, 안수리움, 글로리오사, 아스파라거스, 필로덴드론

선의 운동성과 보색대비를 강조한 작품이다. 말채를 마사징하여 말채선이 교차되는 지점이 끊어지지 않도록 주의하며, 원형의 프레임을 입체적으로 제작한다. 아스파라거스의 운동성을 살려 공간을 투명하게 채워주며, 말채와 같은 색상의 안수리움을 사용하여 전체 구성의 시각적인 영향을 돋보이게 하였다.

:: 풍선초, 소국, 장미, 해바라기, 다알리아, 과꽃, 아케라덤, 스마일락스, 리시안샤스, 거베라

작품의 중심에 매스 형태의 장미와 거베라 등을 넣어 형태의 균형을 보여주며 링 플로랄폼에 잎 소재가 없는 작품이다. 핑크소국의 색상이 주는 그라데이션의 깊이감이 있는 아름다움과 함께 노랑과 보라의 보색이 시선을 끈다. 풍선초의 푸석한 질감대비와 함께 색상대비, 질감대비, 형태대비를 화려하고 풍성하게 표현하여 제작한 리스이다.

루모라고사리, 호접란, 스틸그라스, 깃털

링 플로랄폼에 루모라고사리를 짧게 잘라 꽂아주고 사이에 호접란을 넣어준다. 스틸그라스를 대칭으로 구부려 꽂아주고 중심에는 링을 만들어 깃털을 붙여서 시선을 유도한다. 작품의 단조로움을 피하기 위해 깃털의 속성이 깃고 있는 부드러움과 화사함으로 표현하고 스틸그라스의 대칭적인 선이 교차되는 링 부분에 시선을 끌기 위한 프레이밍(Framing)을 연출하여 시선을 유도하는 작품이다.

:: 측백, 느티나무, 거베라, 신종세렘, 아이비, 오니소갈럼, 산호수

링 플로랄폼에 느티나무의 프레임을 올려 놓고 유핀으로 고정한 다음 측백을 짧게 꽂아준다. 오니소갈럼을 넣고 사이에 거베라, 산호수 등을 넣어준다. 그린색 위에 보색대비로 주황과 빨강을 넣어 색상의 강렬함을 강조하며 느티나무의 잔 가지들이 자연스러움을 보여주는 리스이다.

:: 스마일락스, 오니소갈럼, 말채, 산호수 열매

말채로 사각형의 프레임(4개)을 만들고 이를 서로 겹치면서 쌓아올리고 프레임을 고정한다. 여기에 링 플로랄폼을 올려주고 25㎝ 정도의 길이로 자른 스마일락스를 폼링의 안쪽에서 바깥쪽으로 늘어뜨리는 느낌으로 꽂아준다. 스마일락스 사이에는 오니소갈럼, 산호수의 열매 등을 넣어 아기자기한 느낌과 프레임의 모던함과 스마일락스의 늘어지는 모습과 오니소갈럼의 색상과 함께 조화롭게 표현한 리스이다.

:: 말채, 거베라, 루모라고사리, 아이비, 안수리움 잎

링 플로랄폼에 루모라고사리를 짧게 잘라 꽂아주고 위에 말채로 만든 삼각형의 프레임을 유핀으로 고정한다. 고정한 삼각형의 프레임 사이에 거베라를 꽂아주며, 자연스러움을 살려주는 아이비, 안수리움 잎을 넣어 준다. 링 플로랄폼에 프레임을 넣어 입체감을 주어 부피를 살려주는 디자인으로, 자칫하면 무거워 보이는 것을 거베라의 운동성의 표현이 시선을 유도하는 작품이다.

:: 장미, 리시안샤스, 해바라기, 필로덴드론, 말채, 엽란, 아스파라거스, 스마일락스

정원의 정취를 느낄 수 있도록 엽란의 소재로 링 플로랄폼을 감싸고, 두 가지 색상의 말채를 잘라 그룹지어 고정하고 면적인 느낌과 특성을 고려한 작품이다. 또한 한난대비로 적절하게 운동성을 살려주었으며, 구조적인 형태의 인위적임 속에서 내추럴한 면을 엿볼 수 있다.

:: 글로리오사, 안수리움, 거베라, 디디스커스, 신종셀렘, 스마일락스, 대나무, 러넌큐러스

대나무를 쪼개어 삼각형의 프레임을 만든 다음, 크고 작은 원형의 링(4개)을 만들어 삼각형의 프레임을 고정하여 세운다. 세운 프레임에 워터픽을 고정하여 꽃들은 운동성있게 표현하여 꽂는다. 리스의 기본틀을 벗어나 삼각형의 프레임으로 변형해 작품의 흥미로움을 보여주며, 꽃은 원형의 형태로 표현하여 안정감을 연출한 리스이다.

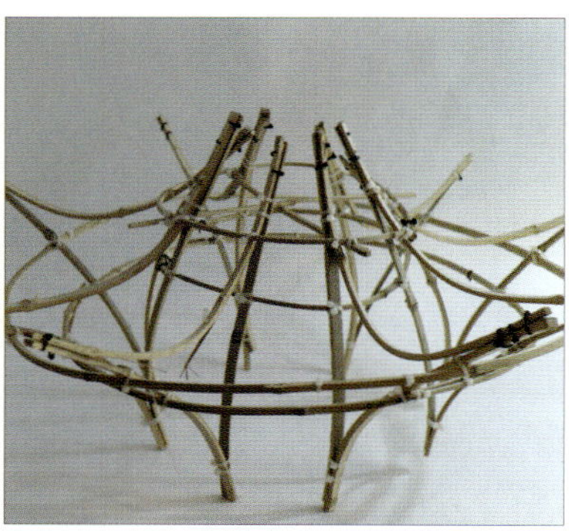

:: 대나무, 글로리오사, 안수리움, 스마일락스, 디디스커스, 필로덴드론

대나무를 쪼개어 비대칭 U자형의 프레임(8개), 큰 원(1개)와 중심 중앙에 들어가는 작은 원(3개)을 만든다. 프레임의 가운데에는 큰 원, U자 형태는 작은 원을 활용하여 고정한다. 이때 워터픽은 중심 테두리에 고정하여 안수리움, 글로리오사 등을 꽂아준다. 대나무의 색상에 강한 꽃들이 대비가 되어 투명성과 화사함이 돋보이며, 프레임의 난이도가 있는 리스 작품이다.

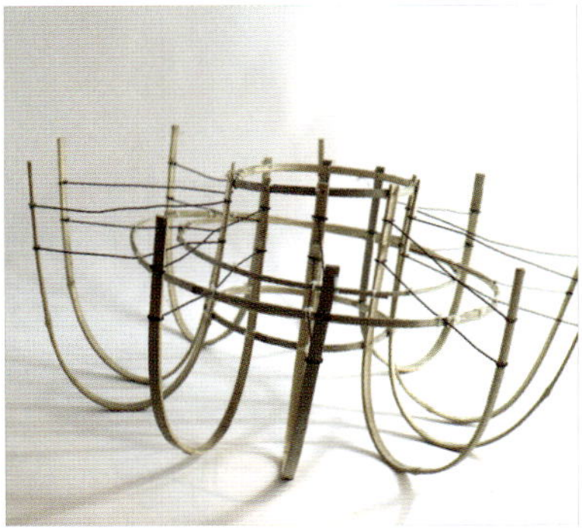

PART 5_

테이블장식

Table Decoration

테이블 장식

(Table Decoration)

1. 테이블 장식의 개요

테이블 장식(Table Design)은 넓은 의미에서는 사회적 교류의 장으로서 각각의 목적과 기능에 맞도록 테이블 공간을 새롭게 디자인하고 연출하는 것을 말한다. 반면 좁은 의미로는 단순히 식사를 위한 테이블을 장식하는 것을 말한다. 이러한 테이블 장식은 공간 장식의 일종으로서, 주위의 배경 효과를 극대화하는 기능을 지니고 있어야 한다.

2. 테이블 장식의 종류

(1) 테이블의 크기에 따른 디자인

테이블의 공간이 작은 경우에는 작은 소품을 이용해서 단순하게 테이블을 장식한다. 큰 테이블일 경우 행사의 주제에 맞게 테이블 전체에 완전한 공간 장식으로 표현한다.

(2) 화기에 따른 디자인

여름에는 투명한 유리병을 사용하여 청량한 느낌을 주고, 겨울에는 양초 소품을 사용하여 따뜻한 느낌을 주거나 작은 초 여러 개를 함께 놓아 화기를 강조하는 방법도 있다.

(3) 테이블 모양에 따른 디자인

플라워 어렌지먼트의 형태는 테이블의 모양에 의해 결정된다. 원형 테이블일 경우 리스 형태의 테이블 디자인을 주로 사용하고, 직사각형의 테이블일 경우 수평 형태의 디자인을 주로 사용한다.

(4) 구조적인 디자인(프레임을 이용한 디자인)

일반적으로 구조적인 디자인은 주가 되는 꽃(예 : 글로리오사, 안수리움, 칼라 등)을 사용하여 꽃의 운동성을 강조한다. 그리고 투명성이 강조되지 않아 면적인 소재는 가급적 피한다. 디자인에 차별화된 효과를 주기 위해 열매나 잎 등을 사용하는 테크닉이 필요하다.

- 수평적인 테이블 장식은 식탁에 앉은 손님들의 시선을 방해하지 않으면서 어떠한 방향에서도 바라볼 수 있는 사방화 형태로 제작한다.
- 수직적인 테이블 장식은 기념행사, 와인파티, 야외행사 등에 사용되며 작품을 세웠을 경우 눈높이의 아래에 있게 제작해야 한다.

(5) 상황에 따른 테이블 디자인

- 헤드 테이블과 하객 테이블은 같은 색상의 꽃 소재를 사용하여 장식하지만, 신랑과 신부의 헤드 테이블이 돋보이기 위해 하객 테이블보다 더 정교하게 장식해야 한다. 그리고 헤드 테이블에 놓은 어렌지먼트는 낮게 장식하여 모든 하객들이 신랑과 신부를 바라볼 수 있도록 제작해야 한다.
- 형식적인 장소에는 대칭형 어렌지먼트를 주로 사용하며, 캐주얼한 행사에는 비대칭형의 어렌지먼트를 사용하기도 한다.

3. 테이블 장식의 제작시 유의사항

- 테이블에 음식이 제공되어지는 경우에는 꽃가루가 있거나 향이 진한 꽃, 이끼, 흙 등의 사용은 제한한다. 식욕을 떨어뜨리는 소재는 사용해서는 안 된다.
- 테이블 장식에 있어서 수반은 작품에 전체적으로 많은 영향을 주므로 제대로 된 선택이 중요하다. 그리고 침봉이나 플로랄폼을 사용했다면 보이지 않도록 조치한다.
- 테이블 장식은 주제와 목적을 제대로 파악하고 그릇, 음식, 음악, 조명, 실내온도 등의 요소를 고려해야 한다.
- 테이블 장식은 여러 면에서 가까이 보기 때문에 청결에 신경쓰고 꽃 소재는 깨끗해야 한다.

:: 화살나무, 스틸그라스, 신비디움, 편백, 거베라, 스토크, 진주

분재와이어로 크고 작은 원형(2개)의 프레임을 만든다. 비슷한 크기로 화살나무의 가지를 잘라 철사로 가지를 고정하면서 원형의 프레임을 만든다. 원형의 수반의 중심에는 심비디움, 거베라, 스토크 등을 꽂는다. 보색대비(신비디움의 노랑색과 스토크의 보라색)의 조화로움이 진주를 끼워놓은 스틸그라스와 함께 화려함이 돋보이는 원형의 테이블 장식이다.

:: 등라인, 안수리움, 글로리오사, 스틸그라스

등라인은 교차 형태로 만들어 검정케이블 타이로 고정하고, 워터픽은 원형의 프레임의 속에 고정하여 꽃을 투명감 있게 꽂는다. 플로랄폼을 사용하지 않고 본연의 소재 특성을 최대한 살려 프레임을 형성하고, 윗 부분에는 등라인을 서로 교차하여 입체감있게 어렌지하여 그래픽적인 분위기를 연출한다.

:: 말채, 신종루스커스, 안수리움, 서양란

말채로 원형의 형태를 안에서 밖으로 점차적으로 확장시키면서 하나의 프레임을 제작한다. 말채 5개씩으로 묶은 프레임을 중심에 고정하고 이 구조 위에 꽃을 꽂는 원형의 테이블 디자인이다. 말채를 마사징하여 표현된 곡선과 안수리움, 신종루스커스의 운동성을 투명감 있게 표현한 작품이다.

:: 말채, 신종루스커스, 안수리움, 메리골드

말채를 이용하여 원형 프레임(2개)을 제작한다. 말채를 5개씩 묶은 구조물들은 원형의 프레임 중심에 넣고 서로 연결한다. 신종루스커스를 수직으로 세우고 원형 프레임의 아랫쪽은 안수리움과 메리골드를 운동성있게 표현하여 제작한 스탠딩 테이블 디자인이다.

:: 말채, 신종루스커스, 안수리움, 리시안샤스, 알스트로메리아

말채를 활용하여 정사각형의 프레임(8개)을 만들고 서로 연결하여 고정한다. 이 고정한 말채 위에 신종루스커스의 운동성을 살리면서 왼쪽과 오른쪽으로 넣는다. 안수리움은 중앙에 꽂고, 필러꽃들로 공간을 채운다.

:: 말채 줄기, 거베라, 아스파라거스, 리시안샤스, 안수리움, 필로덴드론

말채 줄기로 삼각형의 프레임(9개)을 만들고 이 프레임을 서로 교차시키면서 서로 연결하고 그 중간마다 워터픽을 고정한다. 이 워터픽에는 안수리움, 거베라, 리시안샤스 등을 꽂음으로서 작품의 투명성을 연출한다. 교차시킨 말채의 프레임은 입체감이 있으면서 동시에 공간의 투명성을 보여주며 대가치 꽃의 안수리움은 운동성, 리듬감과 함께 우아함을 표현한다.

∷ 적말채, 안수리움, 메리골드, 알스트로메리아, 신종루스커스, 스틸그라스, 호엽란

적말채를 이용하여 잎 모양의 프레임(2개)을 만든 다음 두 개 프레임의 중간에 적말채로 서로 연결하면서 프레임을 입체적으로 만든다. 적말채의 프레임 윗부분에 신종루스커스, 안수리움을 자연스럽게 꽂아 꽃의 운동성을 보여준다. 호엽란의 곡선과 함께 알스트로메리아와 메리골드의 아기자기함을 연출한 테이블 장식이다.

:: 적말채, 엽란, 칼라, 카네이션, 리시안샤스, 스틸그라스

적말채를 이용하여 초승달 모양으로 10개를 만들어 서로 교차하여 고정한다. 초승달 모양의 3개 정도는 엽란을 붙여 무게감을 주고 고정한 초승달 구조 위에 꽃들을 자연스럽게 꽂는다. 칼라 줄기의 운동성과 스틸그라스의 운동성이 적말채의 곡선과 함께 투명성있게 돋보이게 제작한 작품이다.

:: 안수리움, 거베라, 필로덴드론, 말채, 자리공, 심비디움, 스틸그라스, 맨드라미

적말채 가지를 잘라 삼각형의 프레임을 만들어 수평으로 연결한다. 프레임의 틀 속에는 워터픽을 고정하여 맨드라미와 거베라를 깊이감 있게 꽂는다. 선적인 표현과 운동성을 가지고 있는 꽃들을 리드미컬하게 꽂아 연출한다. 구조적인 프레임의 위에는 선의 흐름을 아름답게 표현하고 난색계열의 꽃을 사용하여 따뜻하고 균형감있는 테이블 장식을 나타내었다.

:: 폼보드, 마디초, 온시디움, 필로덴드론, 심비디움, 노박덩쿨, 컬러와이어, 다래넝쿨, 안수리움

사각형의 폼보드는 다양한 크기로 자르고, 마디초는 테이블 길이만큼 엮어 발 형태로 제작한다. 폼보드를 고정하기 위해 다래넝쿨을 엮어 마디초 위에 운동성있게 고정해주고, 폼보드를 고정한 후 컬러와이어를 넣어 워터픽을 고정한다. 심비디움은 아래쪽으로 꽂으며, 안수리움과 온시디움은 리듬감 있게 표현하면서 꽂는다. 데코레이션적인 분위기를 주기 위해 양초 표면에 양면테이프를 붙여 마디초로 감싸고, 와이어로 중심에 열매와 함께 고정하여 주황색과 검정색의 색상대비가 돋보이는 테이블 장식이다.

:: 마디초, 치킨망, 거베라, 느티나무, 필로덴드론

18번 와이어를 마디초 줄기에 넣고 사각형의 프레임을 만들어 연결한다. 치킨망을 둥글게 굴려서 마디초 안에 고정한다. 워터픽을 마디초의 공간에 고정하고 느티나무의 잔 가지를 연결한다. 일정한 크기로 자른 거베라를 꽂아 수평적인 테이블 장식을 연출한다. 마디초의 기하학적인 구성이 돋보이면서, 빨강과 초록의 보색대비를 통하여 소재의 특성을 선명하게 표현한 작품이다.

:: 컬러와이어(은색), 온시디움, 과꽃, 스틸그라스, 글로리오사, 필로덴드론

컬러와이어를 구부려 판을 만들고 워터픽을 꽂아 고정할 수 있도록 연결한다. 고정된 워터픽에 꽃들을 꽂아 수평형의 테이블 장식을 연출하였으며, 은색 컬러와이어와 사선으로 흐르는 듯한 느낌의 꽃 연출이 현대적이면서 모던한 디자인을 보여준다.

:: 스틸그라스, 글라리오사, 반다, 안수리움, 온시디움, 컬러와이어, 산더소니아

컬러와이어를 둥근 형태로 일정하게 엮어 프레임을 만든다. 엮은 와이어 프레임의 위에는 워터픽을 넣고 와이어로 고정하여 온시디움, 산더소니아, 반다 등 다양한 소재들의 색감을 사용하여 운동성있게 꽃들을 꽂는다. 좌우로 길게 늘어뜨린 스틸그라스가 작품에 우아함을 더해 주며, 양초를 데커레이션 형태로 배치하여 테이블의 리듬감과 생동감을 더욱 부각시킨다.

PART 6_

식물심기

Plant Planting

식물 심기

(Plant Planting)

1. 식물 심기의 개요

식물 심기(Plant Planting)는 다양한 분식물을 식물의 목적과 의도에 따라 용기나 구조 형태를 만들어 환경 조건에 맞는 디자인의 형태로 표현하는 것을 말한다. 즉 식물 심기는 디자인적인 요소를 가미해 인위적이나 식물이 가지고 있는 본래의 특성과 기능을 살리면서 자연을 사실적으로 표현하는데 가치가 있다.

이번 장에서는 화훼장식기능경기대회의 실전 예습에 도움이 될 수 있는 작품들로만 수록하고 있다.

2. 식물 심기의 종류

식물은 비슷한 생육 환경을 가진 식물들끼리 그루핑하여 장식적 효과를 살려 하나의 용기에 심어야 한다. 특히 관수시기가 같은 식물, 즉 원산지가 같은 식물들끼리 사용하는 것이 좋다. 다음은 식물 심기의 종류를 대략적으로 정리해보았다.

(1) 테라리움(Terrarium)

테라리움은 투명하고 밀폐된 용기 속에 토양을 채우고 작고 아름다운 식물을 배치한 것을 말한다. 주로 밀폐된 용기를 사용하기 때문에 물을 자주 주지 않아도 수분이 어느 정도 일정하게 유지되는 장점이 있다. 이때 식물은 다습한 조건에 강한 식물로 생육속도가 느린 소형식물이 좋다.(예 : 페페로미아, 고사리류 등)

(2) 디쉬가든(Dish Garden)

디쉬가든은 접시나 일상생활에서 사용하는 용기에 흙을 채워 식물을 심는 것을 말한다. 주로 넓고 얕은 그릇을 사용하므로 뿌리가 길지 않은 식물과 이끼나 장식물 등을 이용하여 정원과 같은 느낌으로 제작한다.

(3) 토피어리(Topiary)

토피어리는 자연 본래의 식물 형태를 인공적으로 특별한 형태를 만드는 것이다. 일반인들도 재미있고 쉽게 만들어 키울 수 있도록 다양한 상품들이 나와 있다.

다음은 토피어리의 제작시 주요 소재와 부자재와 관련된 사항이다.

- 수태는 제작하기 1~2시간 전 물에 푹 담겨 수분을 머금게 하고, 수태의 잎이 떨어지질 않을 힘의 강도로 물기를 짜서 사용한다.
- 청태는 제작하기 전에 수분을 살짝 묻혀서 사용한다.
- 고정줄은 주로 낚시줄 2~3호로 수태의 프레임을 고정할 때 사용한다. 이 고정줄은 수태의 몸속으로 조금 파고들 수 있을 정도의 힘으로 당겨주면서 줄이 풀리지 않게 수태의 프레임을 고정시킨다. 고정줄의 끝부분은 매듭은 짓지 않아도 되며 보정바늘을 이용한다. 이때 손을 베일 염려가 있으므로 반드시 얇은 장갑을 낀다.
- 보정바늘은 고정줄이 풀리지 않게 하거나 고정줄을 숨기고자 할 때 사용한다.
- 와이어는 녹슬지 않는 메탈성분의 알루미늄선으로 프레임을 만들 때 사용한다.
- 토피어리를 오래 키우려면 배양토를 넣는 것이 좋다.
- 컬러와이어는 주로 2mm 이하로 사용한다.

3. 식물 심기의 제작시 유의사항

- 식물은 생육 습성에 알맞은 광, 온도, 수분에 관련해서 조건이 비슷한 식물끼리 심어야 하므로 식물의 생육적인 구성을 파악해야 한다.
- 시각적인 조화를 생각하면서 식물 소재를 그루핑할 때 만들어지는 색상과 형태를 계획성 있게 준비한다.
- 식물 소재들의 전체적인 균형이 조화롭게 이루어져야 한다.
- 공중에 띄워서 심는 식물은 식물의 뿌리를 이끼에 감싸 철사로 고정하고 매단다.
- 식물을 모둠으로 심는 경우에는 '숲속을 연상한다'는 생각을 갖고 바닥에 복토한 다음 큰돌과 작은 돌로 자연스로움을 연출하도록 한다.

:: 화살나무, 케이블타이, 수선화, 야생초, 트리안

일정한 크기로 화살나무를 잘라 교차형 프레임을 형성하고 그 위에 식물들을 얹힌다. 장식적인 효과를 주고 상단에 수선화 등의 구근 식물을 자유스럽게 식생적인 형태로 표현하였다. 마치 씨앗이 새싹이 되고 새싹이 꽃을 피우는 연출로 봄의 시작을 알리는 디자인을 선보였다.

:: 화살나무, 호접란, 호야, 틸란드시아, 다래넝쿨, 이끼

화살나무는 교차하면서 스탠딩의 프레임을 만들어 틸란드시아, 호접란, 호야 등의 뿌리부분을 이끼로 감싸 공중에 띄워서 긴장감을 연출한 작품이다. 화살나무의 거친 질감과 이끼와 다래넝쿨이 어우러져 자연스러운 분위기를 나타낸다.

:: 구주마니아, 호접란, 산호수, 틸란데시아, 아이비, 이끼, 자작나무 껍질, 다래넝쿨

다래넝쿨로 원형의 프레임을 만들고, 정사각형 화기에 고정시킨다. 자작나무 껍질로 만든 삼각형은 프레임의 테두리에 매달고 프레임의 중심에는 길이가 긴 구주마니아(2개)를 심고 주변에 호접란을 심는다. 보라색 꽃이 핀 틸란데시아의 앞쪽으로 산호수를 넣는다. 아이비와 다래넝쿨을 외곽에 꽂으면서 자연스런 느낌과 함께 보색대비의 색상들이 화려함과 함께 풍성함을 표현하였다.

:: 느티나무, 틸란데시아, 구주마니아, 산호수, 아이비, 이끼

느티나무를 수직교차로 스탠딩하여 키가 큰 식물인 구주마니아는 중심에 넣고 틸란데시아는 외곽에 넣고 아이비는 아래쪽 방향으로의 흐름을 보여 주었다. 느티나무의 줄기가 강하므로 윗쪽 부분에는 식물을 넣어도 전체의 중심이 안정감을 준다. 작품의 스케일이 크므로 공간이 큰 장소에 잘 어울린다.

∷ 말채, 다육식물, 폼보드

같은 길이로 자른 말채로 화기의 외곽 부분을 사선교차를 하면서 프레임을 입체적으로 만든다. 사각 모양의 폼보드를 3개 만들고, 이 폼보드의 중심은 작은 사각형의 구멍을 뚫어 말채 프레임에 고정한다. 비슷한 생육 환경을 가진 다육식물들끼리 그루핑해서 프레임의 안에 옮겨 심는다. 마치 조그만한 다육식물원을 표현하였다.

:: 말채, 구주마니아, 안수리움, 아이비, 틸란데시아, 이끼, 산호수

말채를 마사징하여 삼각형의 프레임 5개를 만들어 화기 중심에 고정한다. 프레임의 중심에는 키가 큰 구주마니아를 넣고 틸란데시아는 윗쪽 방향으로 띄우고 앞쪽 방향으로는 안수리움, 산호수 등을 심는다, 삼각형의 프레임이 갖고 있는 곡선은 안정감을 주고 주조색이 녹색이라 시각적으로 안정감을 느끼게 한다. 동시에 안수리움의 빨강색과 구주마니아의 노랑색은 화려함을 연출한다.

∷ 말채, 구주마니아, 호야, 다육식물, 이끼

말채로 수직 교차를 한 스탠딩 방식의 프레임을 만든다. 식물의 뿌리 부분은 이끼로 감싸서 말채 프레임에 고정하여 균형감 있게 연출하였다. 임팩트가 강한 색상으로 전체 이미지를 구성하였으며, 대비적인 색채로 한 눈에 강한 이미지를 느낄 수 있도록 연출하였다. 식물의 크기를 고려하여 안정감 있고 자연스럽게 배치한 디자인이다.

PART 7_

동양꽃꽂이

Oriental Flower

동양꽃꽂이

(Oriental Flower)

1. 동양꽃꽂이의 개요

동양꽃꽂이(Oriental Flower)는 선과 여백의 미를 강조함으로써 소재의 자연성, 음양의 조화, 선의 생동감, 여백의 미, 색상의 절제 등에 깊은 의미를 담고 있다. 이러한 미의 표현은 자연의 진실성을 추구하고, 사실적으로 재현하는데 있다.

2. 동양꽃꽂이와 관련된 용어

(1) 주지의 정의

주지는 '화형(花形)'이라고 하며, 기본 골격은 3개의 주지로 구성된다.

- 제1주지 : 주지 중에서 가장 길이가 길며, '높이'를 나타내는 가지이다. 제1주지의 방향에 따라 화형이 결정되고 기호는 ○로 표시된다. 제1주지의 길이는 화기의 넓이와 높이에 따라 결정된다.

  제1주지의 길이 = (화기의 넓이+높이)×2
- 제2주지 : 두 번째로 길이가 길며, '부피'와 '넓이'를 나타내는 주지이다. 기호는 ㅁ이다. 제2주지의 길이는 제1주지의 길이에 비례하여 3/4 정도로 정한다.
- 제3주지 : 주지 중에서 길이가 가장 짧으나 소재와 화기 간의 조화를 최종적으로 마무리해주는 가지이다. 기호는 △이다. 제2주지의 3/4, 1/2 정도의 길이로 정한다.

(2) 종지

종지는 주지에 속하는 보조 가지로써 쓰인다. 주로 주지가 허전하거나 특정의 한 부분을 강조하고자 하는 곳에 보충해주는 보탬가지를 말한다. 이때 기호는 T이다.

(3) 밑받침

밑받침은 화기와 작품 사이에 보이는 침봉 부분을 가려주며, 위와 좌우의 균형감과 안정감을 보조하는 역할이다.

(4) 정면도/평면도/측면도

- 정면도 : 앞에서 보는 방향의 도면으로써, 주지의 길이와 주지가 위치하는 각도의 상하로 허용되는 범위를 보여준다.
- 평면도 : 위에서 내려다보이는 작품의 방향으로, 주지의 전후좌우 위치의 허용 범위와 방법을 보여준다.
- 측면도 : 오른쪽이나 왼쪽 옆에서 바라본 것으로, 작품의 깊이를 나타낸다.

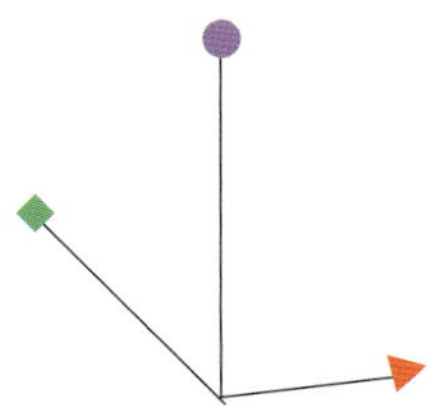

🔼 정면도

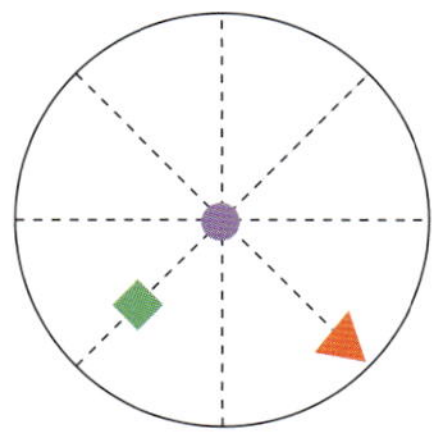

🔼 평면도

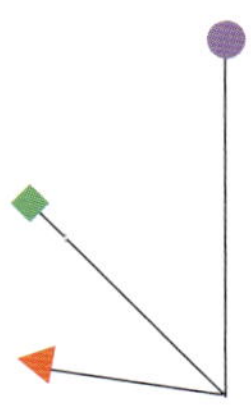

🔼 측면도

(5) 중심선

중심선은 전체 재료의 길이의 중심선을 말한다.

(6) 각도와 방향

각도는 재료의 중심선을 맞춘 각도로, 정면도에서 표시된다. 소재의 방향은 소재의 중심선이 향하는 좌우전후의 방향으로, 평면도에서 표시된다.

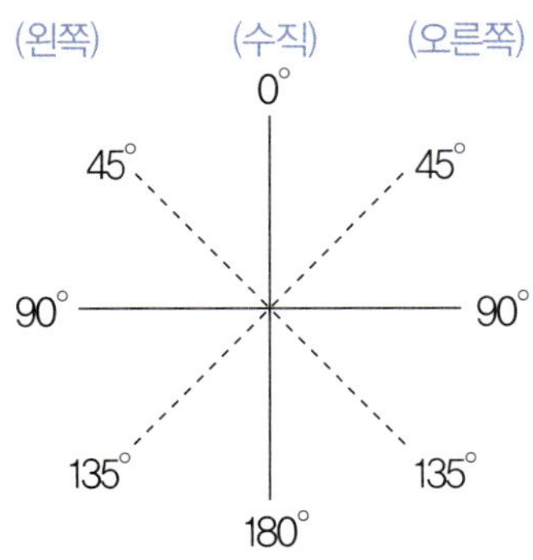

🔼 소재의 각도

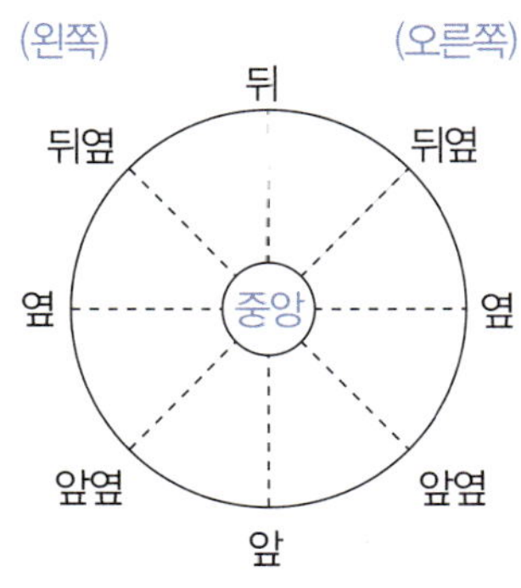

🔼 소재의 방향

3. 동양꽃꽂이에서의 가위질 역할

어느 선을 잘라서 해야 할지가 동양꽃꽂이에서 가장 어려운 문제이다. 그것은 어떤 형태가 정해진 것이 아니라 자연의 형태로 표현해야 하기 때문에 정답은 없다. 동양꽃꽂이는 여러 가지 선 중에서 강조하고 싶은 선이 있으면, 대담하게 자르고 방향에 따라 형을 결정한다. 결정한 선을 꽂을 때는 물에 닿는 부분의 5㎝ 정도는 잎을 제거해야 한다. 주지는 주로 소재가 나뭇가지이므로 사선으로 잘라야 하며 자르기 힘든 때는 가위끝을 사용하여 한두 번 자른 후 마지막에 가위를 벌려서 자른다. 또한 꽃 줄기가 딱딱하지 않은 경우에는 수평으로 잘라야 한다.

4. 동양꽃꽂이의 화형

순수 예술적 특성화을 지니며 선과 여백을 중요시 하는 작업을 통해 정서 생활의 함양에 도움을 주는 동양꽃꽂이의 종류는 다음과 같이 구분할 수 있다.

(1) 주지 방향에 따른 화형

① 직립형 : 1주지가 수직선에서 0~15° 이내로 벌어진 것(전후/좌우)

② 경사형 : 1주지가 40~60° 정도 기울어진 것(전후/좌우)

③ 하수형 : 1주지가 100~180° 정도 늘어진 것

(2) 자연 현상을 모방한 화형

① 방사형 : 중심점에서 부채꼴 모양으로 퍼져 나가는 형이다.

② 분리형 : 한 화기에 있는 주지를 두 그룹으로 나누어 꽂는 형이다.

③ 부화형 : 물에 띄우는 형으로, 예컨대 물 위에 꽃이나 줄기, 잎 등을 띄우는 것을 말한다.

④ 쌓는형 : 조선시대의 민화에서 볼 수 있으며, 과일이나 야채 등은 보기좋게 쌓아 올리고 다른 한 쪽에는 관엽식물이나 꽃 등으로 색채, 질감 등을 살려 장식하는 형이다.

⑤ 병렬형 : 여러 개의 줄기나 가지가 평행이 되도록 같은 방향으로 꽂는 형이다.

⑥ 복합형 : 두 개 이상의 화형을 합하여 하나의 큰 화형이 되는 경우이다.

⑦ 교차형 : 두 개 이상의 선들이 서로 교차하면서 생기는 선과 공간의 운동으로 만들어진 형이다.

:: 석화버들, 다알리아, 동백, 측백

식물이 수직으로 향하여 자란 형태를 표현한 바로세우는형(직립형) 작품이다. 전체를 바로 서서 자란 가지를 골라 1주지로 정하고, 비스듬히 자란 가지를 선택하여 성장한 자세를 살려 폭을 나타내어 2주지를 정한다. 3주지는 누워서 자란 형상의 가지로 선과 여백을 살려 디자인한다.

:: 금보수, 말채, 칼라, 카네이션, 로무라고사리

수직으로 자란 형태의 본질을 살려 연출한 바로세우는형(직립형) 작품이다. 말채와 칼라의 직선적인 본래의 형태를 강조한 전형적인 화형의 디자인으로, 평면상의 부등변삼각형으로 보여진다.

3

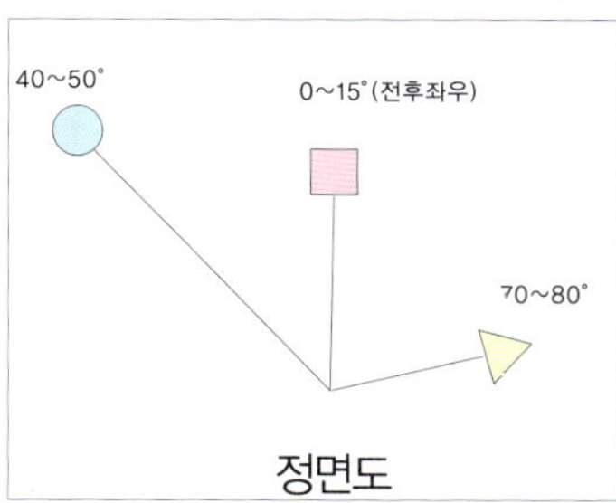

1

2

:: 산수유, 튤립, 카네이션, 홍죽, 드라세나 잎

식물이 기울어 자란 형태를 표현한 기울이는형(경사형) 작품이다. 1주지는 40~50° 각도로 중심의 좌측 앞으로 기울여 꽂고, 2주지는 0~15° 각도로 침봉 뒷쪽에 세워서 꽂는다. 3주지는 70~80° 각도의 방향으로 중심의 우측 옆에 눕혀 꽂아 동적인 느낌을 나타낸다.

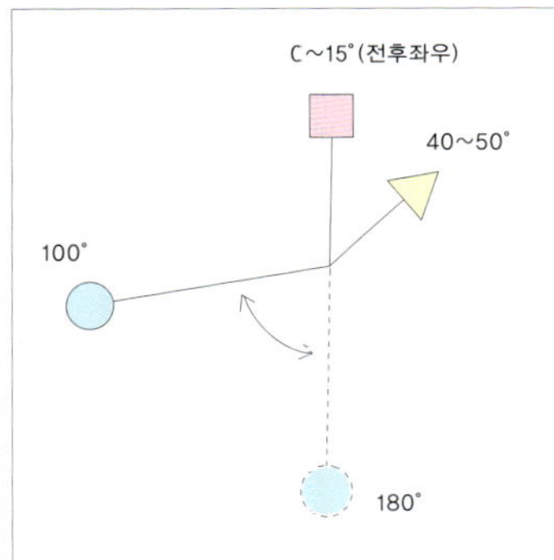

정견도

곱슬버들, 소국, 국화, 섬담쟁이, 호엽란

수평선보다 밑으로 늘어지게 꽂는 흘러내리는형(하수형) 작품이다. 1주지는 양옆으로 100~180° 각도로 늘어지게 꽂고, 2주지는 0~15° 각도로 바로 세워 고정한다. 3주지는 40~50° 각도의 양옆에 기울여 꽂아 디자인하며, 곱슬버들의 선이 한 초점에 연결되어 뻗어나는 느낌이 나도록 디자인한다.

:: 아이리스, 튤립, 필로덴드론

하나의 화기 안에 2개의 침봉을 넣고 작품과 작품 사이에는 공간을 충분히 주어 분리된 형태를 뚜렷이 나타나게 하면서 조화로움을 느끼도록 꽂아야 한다. 아이리스와 튤립의 보색을 사용하여 색상대비를 주었으며, 선의 높낮이를 주어 연결성있게 표현한 작품이다.

복형

:: 극락조화, 석화버들, 안수리움, 다래넝쿨, 오니소갈룸

직사각형의 수반 2개를 나란히 배치하여 놓고 하나의 구성으로 표현한 복형이다. 수직으로 석화버들의 곡선을 꽂고 극락조화가 한 곳을 향해 바라보는 듯한 느낌으로 표현하며, 다래넝쿨은 상승하며 긴장감을 보여주었다. 각각의 독립적인 작품으로 존재할 수도 있으며 간결하고 절제미를 살린 작품이다.

∷ 산동백, 튤립, 거베라, 오니소가룸, 안수리움 잎

직사각형의 수반 2개는 위와 아래로 올려 놓고 산동백을 수직으로 세우고 아랫쪽에 있는 꽃은 3주지 방향으로 꽂는다. 수반의 높이보다 낮게 꽂은 거베라의 주황색의 깊이감으로 인해 튤립의 노랑색이 더욱 돋보이게 된다. 안수리움 잎이 주는 안정감이 간결함을 보여주는 작품이다.

:: 극락조화, 다래넝쿨, 느티나무, 안수리움, 석화버들, 측백

석화버들과 극락조화의 강한 수직선이 딱딱함을 표현하는 반면 아랫부분에 있는 느티나무의 잔가지는 윗쪽으로 상승하는 듯한 느낌을 다소 안정감있게 표현한다. 더불어 다래넝쿨은 강한 직선의 딱딱함을 부드러운 곡선으로 표현하여 조화로움을 표현하고 있다. 안수리움의 빨강색은 포인트가 되어 시선을 집중시키는 자유형 동양꽃꽂이다.

PART 8_

공간 장식

Space Decoration

공간 장식

(Space Decoration)

1. 공간 장식의 개요

우리가 생활하고 있는 주변 환경에서 쉽게 구할 수 있는 절화, 관엽, 나무소재 등의 재료로 디자인 요소를 고려하여 원하는 작품을 제작하거나 장식하는 것을 '공간 장식(Space Decoration)'이라고 한다. 이렇게 해서 만들어진 작품은 주로 벽 장식, 행잉 장식, 공간 장식 등으로 활용된다.

2. 공간별 장식 방법

공간 장식은 고객의 원하는 요구 사항, 실내 배치 등을 분석하고 소재, 형태, 색상 등을 어떻게 연출하고자 하는 이미지와 주제가 주변 환경의 요소에 어울려야 한다. 주로 자연소재를 사용하여 예술성, 타당성, 창의력을 표현하면서 주제와 느낌은 기능성과 미학성을 동시에 표현해야 한다.

(1) 행사별 공간 장식

- 결혼식은 결혼식장의 주인공인 신랑, 신부가 새로운 인생을 출발함을 알리는 곳이다. 따라서 축복과 희망을 상징하는 꽃 소재로 화려하게 장식하는 동시에 꽃길 장식, 단상 장식, 아치 장식 등이 서로 연결감이 있도록 해야 한다.
- 장례식은 고인의 가족이나 친척, 지인들이 고인을 애도하고 명복을 기원하면서 슬픔에 공감하는 분위기로 화려한 색상보다는 흰색이나 노랑색 위주로 조용하고 엄숙한 분위기를 연출한다.

(2) 상업적 공간 장식

- 상업적 공간에서는 고객을 유치하는 단계로 A(attention, 주목) → I(interest, 흥미) → D(desire, 욕망) → M(memory, 기억) → A(action, 구매활동)이 이루어지도록 상품의 특성, 장소, 소도구, 조명 등을 고려해야 한다.
- 호텔은 각종 행사, 결혼식 등의 문화축제 장소로 많은 사람들이 찾는다. 다시 고객들이 방문할 수 있도록 하는 이미지 연출이 중요하다.

- 레스토랑 등의 음식점은 식욕을 돋우도록 하는 공간 장식으로, 특히 테이블 장식에 신경을 써야 한다.

(3) 종교적 공간 장식

- 교회나 성당 등의 종교적 공간은 제1주지(하느님, 예수님, 성령), 제2주지(사제, 수도자 등), 제3주지(평신도)의 의미를 파악해 꽃의 매개체로 하늘의 뜻을 상징적으로 표현해야 한다. 성전에 꽃을 꽂을 때는 공간 구성에서 멀리서도 볼 수 있어야 하고 꽃의 나열, 배합, 선과 공간 처리 등을 적절히 사용하면서 강한 배색을 하는 기술이 필요하다. 화려함보다는 엄숙함을 강조한다.
- 불교에서의 공간은 상단(부처와 보살님을 모신 단), 중단(신중단을 모신 단), 하단(영가를 모신 단)별로 올리는 공화가 달라야 하고 엄숙한 분위기를 연출한다.

(4) 기타

- 무대를 장식하는데 있어서 행사의 주제에 맞아야 하고 관중이나 관객의 대상에 맞는 색상이나 소재 등으로 무대를 돋보이게 한다. 예컨대 어두운 색상의 조명을 사용하는 경우에는 전체적으로 어두워 보일 수 있으므로 밝은 색상의 꽃을 선택해야 한다.

3. 공간 장식에서 주로 사용하는 꽃 소재

- 포인트로 쓰는 꽃 : 안수리움, 칼라, 극락조화 등의 대가치적인 꽃으로 쉽게 시들지 않는 것을 선택한다.
- 곡선으로 표현되는 소재 : 아스파라거스, 스틸그라스, 스마일락스, 말채, 곱슬버들, 왕버들 등을 선택한다.
- 직선으로 표현되는 소재 : 말채, 화살나무, 삼지닥나무, 느티나무, 대나무 등을 활용하여 직선을 표현한다.

4. 공간 장식의 제작시 유의사항

1) 작품 전체의 크기를 결정할 때 다른 작품에 비해 지나치게 크거나 작지 않도록 한다. 대개 1m 정도의 크기로 작업하도록 한다.
2) 벽 장식인 경우 앞으로 나오는 공간이 20㎝를 넘지 않도록 하며, 고정하는 부분을 견고하게 제작하여야 한다.
3) 꽃 소재들은 지배적인 형태의 꽃들을 주로 사용하고 소재를 고정할 때 2개 이상의 묶음점이 있으면 안 된다.
4) 행잉(Hanging) 작품인 경우 중앙에 매다는 지점은 한 곳이어야 한다.

실기대비(벽 장식)

:: 느티나무, 안수리움, 스마일락스, 필로덴드론, 글로리오사, 스틸글라스

비슷한 크기로 자른 굵은 가지의 느티나무를 서로 교차하면서 사각형의 프레임을 만들고 공간 속에는 노랑색의 안수리움은 운동성을 살려 표현하고 필로덴드론, 스마일락스 등을 이용하여 투박한 외면과 부드러운 내면을 이중적으로 표현한 작품이다.

실기대비(벽 장식)

:: 곱슬버들, 칼라, 필로덴드론, 심비디움, 아스파라거스

잔 가지를 제거한 곱슬버들을 교차하면서 원형의 프레임을 그라데이션 모양으로 만들어 역동성있게 표현하였다. 이 원형의 프레임에는 칼라가 갖고 있는 곡선과 필로덴드론, 심비디움 등을 꽂으면서 소재들의 곡선을 통일성있게 운동성과 역동성으로 연출하였다.

실기대비(벽 장식)

∷ 느티나무, 안수리움, 필로덴드론

느티나무의 굵은 가지로 교차시키면서 역삼각형 모양으로 만들고 그 사이에는 잔 가지를 교차로 넣으면서 역삼각형 모양으로 자연스럽고 섬세하게 연결하여 늘어지는 듯한 느낌으로 불규칙한 프레임을 형성한다. 안수리움의 운동성과 필로덴드론의 기하학적인 모습을 교차로 표현하고 시각적인 효과와 리듬감을 나타내었다.

실기대비(벽 장식)

:: 대나무살, 글로리오사, 크리스마스부쉬, 스틸그라스

대나무살로 직각삼각형의 프레임은 5개를 만든다. 평면으로 뒷판을 짜서 직각삼각형 5개를 고정시킨다. 이들 삼각형 사이에는 서로 교차감을 주면서 고정시키고 글로리오사, 크리스마스부쉬, 스틸그라스 등을 꽂아 꽃들의 풍성함을 표현하였다.

실기대비(벽 장식)

대나무살, 스카비오사, 스틸그라스, 크리스마스부쉬, 넝쿨

대나무살을 이용하여 사각형(2개)을 만든다. 대나무살로 발을 짜서 이 발을 사각형의 각 면의 가운데 부분을 감싸면서 입체적으로 하나의 프레임을 제작한다. 프레임의 비워둔 중심에는 꽃들을 넣어 넝쿨과 함께 스틸그라스를 넣어 최대한 자연스러움을 표현한다.

실기대비(행잉 장식)

:: 말채, 안수리움, 호접란, 신종루스커스

말채를 마사징하여 곡선으로 만들고 이를 서로 교차시키면서 우산 모양으로 윗쪽은 짧게, 아랫쪽은 좀더 길게 만들어 서로 연결한다. 우산 모양의 중심에는 워터픽을 연결하고 운동성이 있는 안수리움의 색상의 화려함과 신종루스커스 등을 넣어 내추럴함이 돋보이는 작품이다.

실기대비(행잉 장식)

:: 대나무, 안수리움, 스틸그라스, 리시안샤스, 글로리오사

대나무로 정사각형을 만들고 이 정사각형의 안은 바둑판 모양으로 서로 연결하면서 사각형의 프레임을 입체적으로 만든다. 프레임의 아랫쪽은 바둑판 모양으로 고정하고 검정색으로 칠한다. 매다는 끈은 정사각형 프레임의 모서리에 고정하고, 워터픽은 프레임의 안쪽에 고정하며 글로리오사, 안수리움, 리시안샤스, 스틸그라스 등의 운동성이 있는 꽃들을 살려 표현한 모던한 행잉 장식이다.

실기대비(행잉 장식)

∷ 말채, 신종루스커스, 안수리움, 디디스커스, 호접란

말채를 이용하여 정사각형(2개)을 만들고 이 정사각형을 서로 겹쳐서 별 모양의 프레임을 입체적으로 만든다. 그 중심에는 카파와이어를 만들어 매단다. 워터픽은 윗판에 고정하고 윗판 구조의 중심은 비워두고 안수리움, 신종루스커스, 호접란 등을 프레임의 외곽으로 운동성 있게 꽂는다. 아랫쪽은 작은 사각형의 프레임을 만들어 매단다. 심플한 구조에 운동성을 자연스럽게 살린 작품이다.

실기대비(행잉 장식)

:: 버들가지, 스마일락스, 온시디움, 글로리오사

버들가지를 수직 방향으로 교차시키면서 원형의 프레임을 만들고 검정색 락카로 칠한다. 버들가지의 잎눈을 떼어낸다. 버들의 끝 선은 아랫쪽 방향으로 내리고, 윗쪽에는 중심을 만들어 매단다. 전체 길이의 윗 부분에는 워터픽을 고정하고 꽃들을 꽂는다. 버들가지의 검정색 줄기와 회색 버들눈이 눈길을 끌고 검정색과 대비대는 노랑, 빨강의 색상이 두드러지는 긴장감을 준다.

실기대비(행잉 장식)

:: 안수리움, 필로덴드론, 철망, 마디초, 느티나무

18번 와이어를 마디초 줄기에 넣어 기하학적인 분위기로 연결하면서 이루어진 선과 안수리움과 필로덴드론의 어렌지가 자연스럽게 표현되면서 율동감이 느껴진다. 이 작품에서 행잉 기법을 통해 공간의 제약이 없다는 장점과 긴장감을 느낄 수 있도록 표현하였다.

실기대비(행잉 장식)

:: 대나무살, 글로리오사, 크리스마스부쉬

대나무살로 교차하면서 크고 작은 정사각형(2개)을 만든다. 작은 정사각형은 큰 정사각형의 안쪽에 놓고 대나무살을 교차시키면서 하나의 프레임을 입체적으로 만들고, 프레임의 각 모서리는 낚시줄로 고정한다. 정사각형의 안쪽에서는 글로리오사, 크리스마스부쉬를 서로 교차감을 주면서 꽂는다.

실기대비(어렌지먼트용)

:: 대나무살, 스카비오사, 스틸그라스, 크리스마스부쉬

대나무살을 이용하여 크고 작은 잎사귀 모양(2개)을 만들어 서로 입체적으로 연결하여 하나의 프레임을 만든다. 프레임의 중심에는 대나무살로 교차하면서 꽃들을 고정시킨다. 소재가 지닌 본래의 자연스러운 색과 화려함을 연출한다.

실기대비(공간 장식)

:: 검정신우대, 검정대나무, 컬러와이어(금색), 스마일락스, 안수리움, 통대나무

신우대를 이용하여 직사각형(3개)을 만들어 서로 연결하여 삼각형의 프레임이 되도록 입체적으로 제작한다. 결국 직사각형의 세 면으로 구성된 삼각형의 프레임이 만들어진다. 그 중심에 또 다른 삼각형의 작은 공간을 만들고, 나머지 공간은 검정색상의 대나무를 일정한 크기로 잘라서 교차 형태로 연결한다. 만들어 놓은 3개의 작은 공간에 통대나무에 컬러와이어 1m를 가지고 밴딩을 하여 작은 공간에 매단다. 안수리움과 스마일락스는 공간의 안쪽으로 넣어준다.

조형미 표현(벽 장식)

∷ 대나무, 녹두, 마가목열매, 등라인, 틸란드시아, 숯

숯은 탄소가 발생하는 음이온으로 공기 정화, 전자파 차단 및 보습 효과 등을 주어 건강상 유익하다. 빨간 등라인은 검은 숯 사이에서 돋보이며, 녹두와 마가목 열매로 다양한 형태로 배열해주어 임팩트한 작품으로 연출하였다.

조형미 표현(벽 장식)

:: 글로리오사, 마디초, 스마일락스, 컬러와이어(녹색)

더운 여름날 시원하고 싱그러움을 연상케 하는 작품이다. 마디초를 촘촘히 엮어 길게 늘어뜨려 발과 같이 연출하여 배경을 만들어 주고, 녹색 컬러와이어를 구부려 공의 형태로 연출하였으며 붉은색과 분홍빛을 띠는 글로리오사와 스마일락스를 이용하여 한층 풍성함과 선명한 색상을 연출하였다.

조형미 표현(벽 장식)

:: 나무조각, 글로리오사, 스마일락스, 컬러와이어

납작하게 자른 나무조각에 글로리오사와 스마일락스를 어렌지해 완성한 작품이다. 작품 속 글로리오사와 스마일락스는 나무조각에 마치 살아있는 듯하게 활기를 불어 넣었고 위를 향하고 있는 여러 개의 나무조각들은 모였다 흩어졌다를 반복하면서 운동감과 율동감을 주었다.

조형미 표현(벽 장식)

글로리오사, 스마일락스, 필로덴드론, 등라인, 한지, 컬러와이어(청색)

그래픽적인 느낌을 가미한 벽 장식으로, 긴 직사각형의 프레임 안에 알록달록한 한지를 붙여 벽 속에 또 하나의 창을 표현하였다. 청색 컬러와이어를 원형의 프레임으로 구성하여 글로리오사, 스마일락스, 필로덴드론 등을 넣어 입체적이고 시각적 자극을 주었다.

조형미 표현(벽 장식)

∷ 글로리오사, 스마일락스, 컬러와이어(동색)

동색 컬러와이어와 스마일락스, 글로리오사의 색상대비를 통해 강렬하면서 현대적인 디자인을 표현하였다. 동색 컬러와이어를 다양한 크기로 프레임을 만든 후, 워터팩을 고정시켜 스마일락스와 글로리오사를 어렌지하여 연출하였다.

조형미 표현(벽 장식)

글로리오사, 마디초, 스마일락스, 컬러와이어, 한지, 솔방울

마디초를 이용하여 사각형의 프레임을 구성하고 딱딱하고 느낌에 한지와 솔방울을 붙여 골드빛의 부드러운 느낌을 나타내었다. 유사색상의 붉은 글로리오사는 마디초를 따라 자연스럽게 피어나면서 더욱 빛을 더한다. 컬러와이어는 소재를 고정시켜주는 역할을 하여 위트있게 해석했으며 스마일락스를 넣어 풍성하고 편안한 분위기를 나타내었다.

조형미 표현(공간 장식)

나무젓가락, 목화, 구상나무

굵은 철사로 리스 형태의 프레임을 입체적으로 만들어 나무젓가락으로 전체를 엮고 검정색 락카를 뿌린다. 이렇게 만든 리스 형태의 프레임을 벽에 걸어두고 목화와 구상나무의 줄기를 서로 엮어가면서 갈란드 형태로 만들어 프레임의 안에 걸어준다. 나무젓가락의 푸석한 질감과 목화의 질감이 따뜻함과 함께 겨울 디스플레이로 고객의 눈길을 끄는 공간 장식이다.

조형미 표현(공간 장식)

:: 버들가지, 안수리움, 스마일락스

버들가지를 원형으로 구부려 서로 엮어서 터널형의 프레임을 만들고 검정색 락카를 뿌린다. 버들가지의 눈의 껍질을 떼어 낸다. 검정색상의 터널형의 프레임은 회색의 부드러운 밍크 버들가지의 눈과 함께 눈길을 끄는 구조가 된다. 터널형 프레임의 안은 안수리움의 붉은 색상이 무채색들과 대비가 되어 작품의 생동감과 구조의 입체감과 함께 흥미로움을 주는 작품이다.

조형미 표현(공간 장식)

∷ 남천, 글라디올라스, 소국, 잎모란

나무로 만든 사각형(3개)의 프레임은 철로 만든 사각형의 프레임에 사선으로 고정시켜 다소 불안정한 느낌으로 연출하여 긴장감과 역동성을 주었다. 남천의 초록색과 빨강색, 소국의 노랑색, 글라디올라스의 빨강색, 잎모란의 보라색 등으로 색상의 화려함으로 가을의 문턱을 표현하였다.

조형미 표현(공간 장식)

글로리오사, 스칸디아모스, 철봉, 대나무살

ㄷ자 형태의 나무 구조를 철 구조물에 고정시키고 대나무살로 서로 교차감을 표현하면서 금속 철봉을 넣어 구조물에서 오는 강인함을 보완하고 글로리오사를 꽂아 모던한 분위기를 연출하였다.

PART 9_

플라워 콜라주아트

Flower Collage Art

플라워콜라주아트

(Flower Collage Art)

1. 플라워콜라주아트의 개요

콜라주(Collage)는 '접착하다, 풀로 붙이다'라는 어원처럼 화면에 천, 금속, 목재, 꽃, 나무가지 등을 붙여 표현하는 입체파의 한 기법이다.

최근 플라워 아트는 꽃 소재를 예술과 융합하여 새로운 장식 예술의 장르를 보여주고 있다. 이런 추세에 맞춰 '플라워콜라주아트(Flower Collage Art)'가 나오게 된 것이다. 이 콜라주아트는 화훼 재료로 드라이플라워, 프리저브드플라워(Preserved Flower, 보존화 혹은 천일화), 한약재 등 다양한 소재를 활용하고 있다.

2. 플라워콜라주아트의 제작시 유의사항

- 플라워콜라주아트 작품을 제작하기 전에는 정확한 척도에 맞춰 초안을 정면도로 그리는 것이 중요하다. 이렇게 해야 작업 시간과 필요한 소재와 부자재 등을 파악할 수 있다.
- 작품을 제작하기 전에 소재의 질감과 색상 등을 고려해야 한다.
- 장미나 백일홍처럼 꽃이 약한 것으로 프리저브드플라워를 제작할 때는 습기에 노출되는 단점이 있으므로 밀봉된 형태로 한다.
- 목재 본드는 화면판의 붙이는 면이나 꽃을 붙이는 경우에 사용하고, 반면 꽃을 붙일 때도 생화글루도 사용한다. 그리고 핫 글루는 견고성이 떨어진다.
- 아크릴액자로 플라워콜라주아트를 제작하는 경우에는 7㎝, 9㎝, 12㎝ 등의 높이가 적당하다.
- 플라워콜라주아트의 소재를 계피, 페퍼베리열매, 한약재 등의 향이 있는 소재를 사용하였을 때는 밀봉하는 것보다는 오픈해서 향기를 맡을 수 있도록 하는 것이 좋다. 이때는 다보를 사용하면 된다.

홍세희 作

⁘ 수국, 계피, 커피 열매, 페퍼베리 열매, 다래넝쿨, 코랄펀

신정순 作

:: 스칸디아모스, 종이꽃, 페퍼베리 열매, 스카비오사, 스마일락스, 니게라

윤정순 作

:: 목련, 모과 열매, 계피, 스칸디아모스, 꽈리, 다래넝쿨, 삼베천, 페퍼베리 열매

김기영 作

:: 니겔라, 컬러와이어, 페퍼베리 열매

윤정순 作

:: 뱀부스틱, 밀, 스카비오사

한현숙 作

흑보리, 유칼립투스, 페퍼베리 열매, 그린볼

이금연 作

엄나무, 수국, 목련, 스칸디아모스, 낙우송

김정희 作

∷ 대나무, 스카비오사, 스칸디아모스, 페퍼베리 열매

김기영 作

∷ 엄나무, 꽈리, 페퍼베리 열매, 스카비오사, 스칸디아모스, 다래넝쿨, 미니연밥

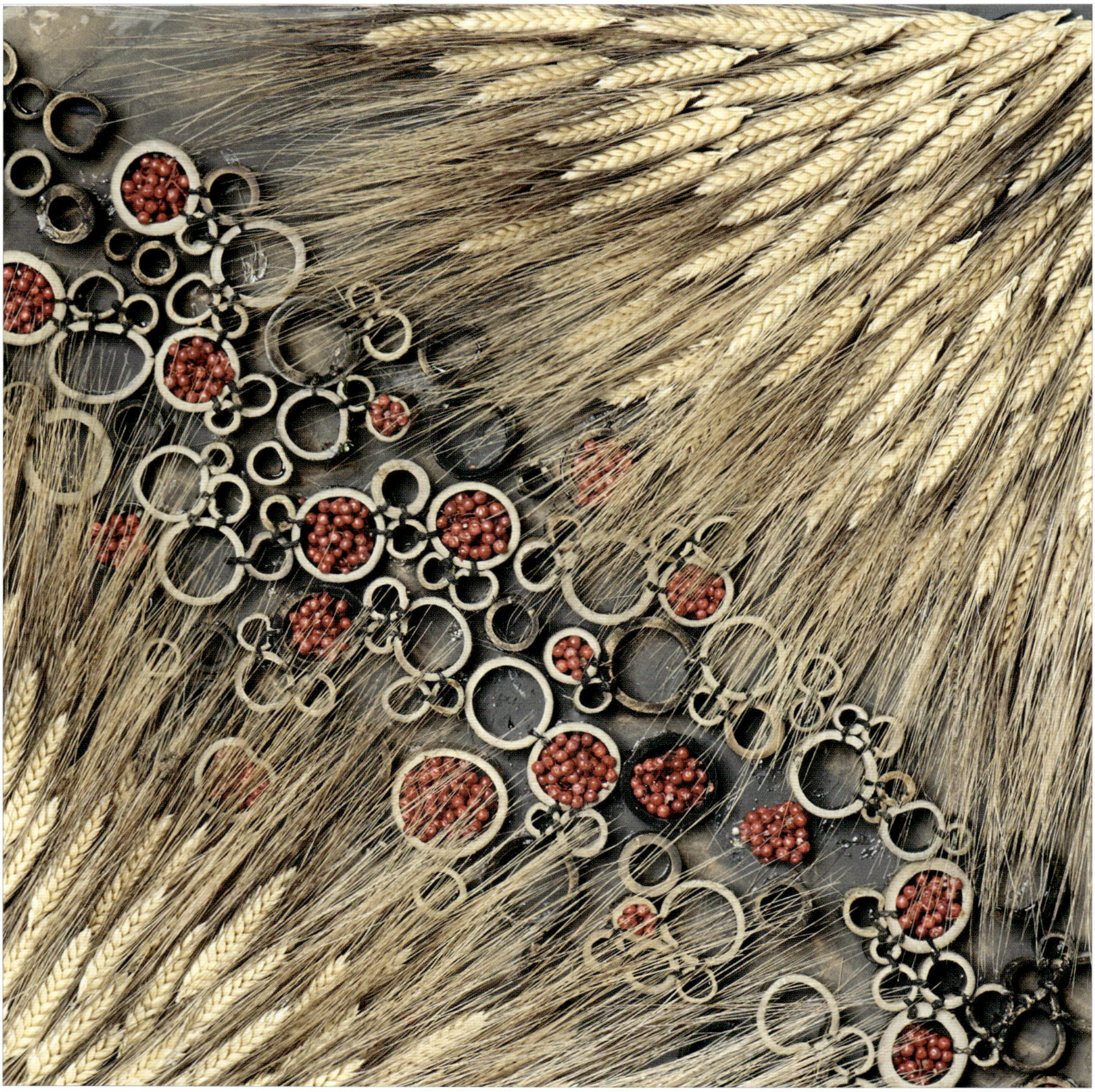

서은정 作

∷ 흑보리, 페퍼베리 열매, 대나무

유영순 作

스카비오사, 페퍼베리 열매, 라이스플라워, 대나무, 커피 열매, 스칸디아모스

이견옥 作

:: 계피, 라이스플라워, 페퍼베리 열매, 스카비오사, 레몬 껍질

김정희 作

:: 마가렛, 페퍼베리 열매, 삼지닥, 주트(Jute, 황마)

윤미경 作

:: 스칸디아모스, 백일홍, 수국, 스마일락스, 페퍼베리 열매, 와이어

이다영 作

∷ 와이어, 엔젤헤어, 장미

박점희 作

∷ 뱀부스틱, 스칸디아모스, 페퍼베리 열매

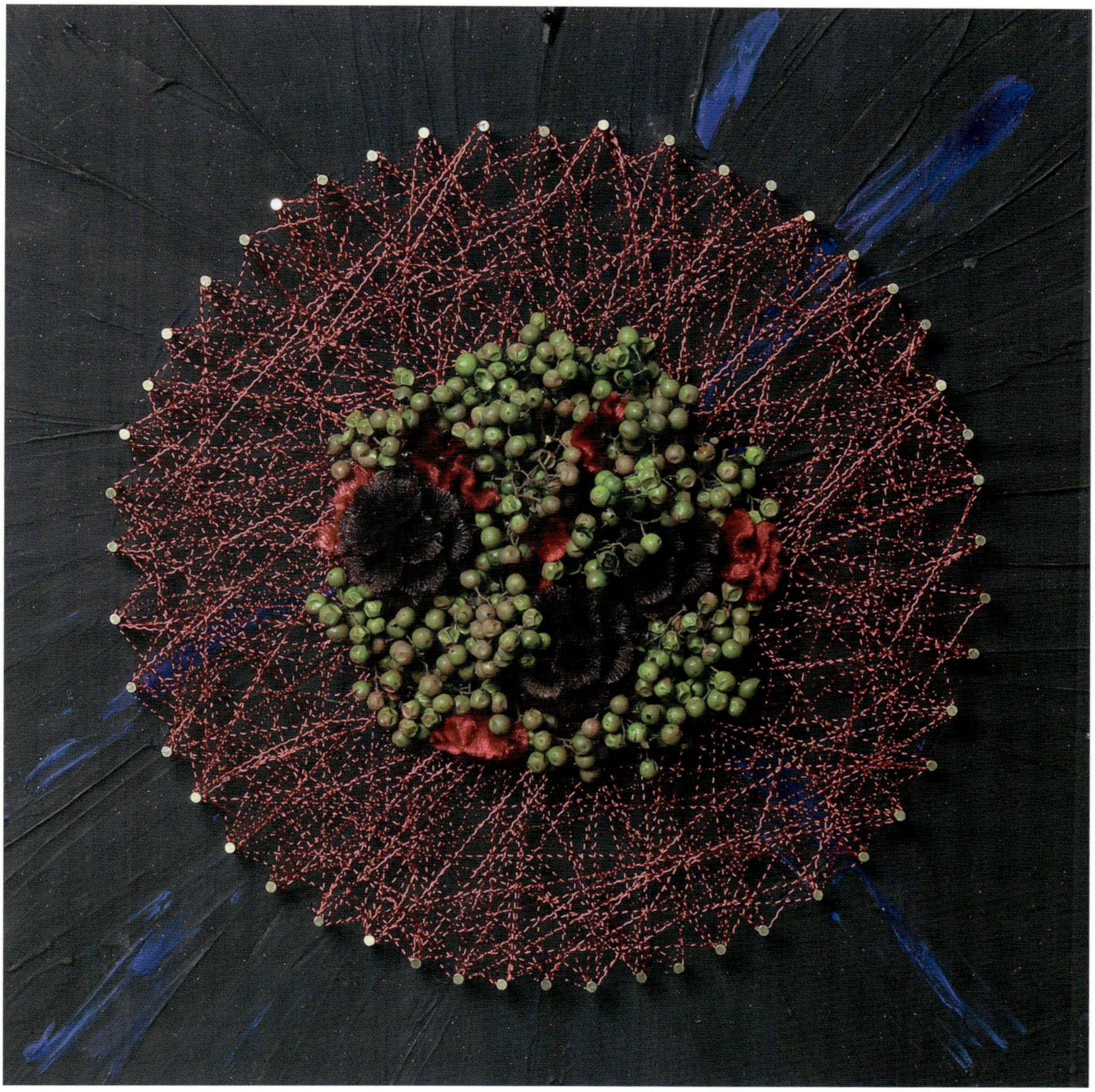

홍세희 作

⁝ 와이어, 페퍼베리 열매, 스카비오사, 맨드라미

황은남 作

:: 뱀부스틱, 엔젤헤어, 장미

황은남 作

⁘ 와이어, 대나무, 버섯, 백일홍, 페퍼베리 열매, 스칸디아모스

김인숙 作

흑보리, 스카비오사

송재환 作

:: 대나무, 스칸디아모스, 스마일락스, 페퍼베리 열매

최명옥 作

∷ 대마무, 망게, 장미, 엔젤헤어

정해원 作

:: 컬러스틱, 장미, 스모크트리

유영순 作

우드장미, 강황뿌리, 나무껍질

PART 10_

출전작품

Work of Participation

김정희 作

2010년 아시아플라워 한국대회선발전 출전작품

글로리오사, 풍선덩굴, 칼라, 호접란, 등라인, 자갈

김정희 作

2009년 인터플로라 한국대회선발전 출전작품

∷ 마디초, 골판지, 글로리오사, 센다소니아, 고무줄, 자갈

황보애자 作

2010년 코리아플라워대회 출전작품

스틸그라스, 반다, 시계초, 틸란데시아, 자갈

김지숙 作

2013년 코리아플라워대회 출전작품(금상)

골판지, 금실, 글로리오사, 알로카시아, 러넌큐러스, 잔디

김지숙 作

2014년 코리아플라워대회 출전작품(동상)

:: 아크릴, 대나무, 풍선덩쿨, 글로리오사, 레펜더스, 센더소니아, 수국, 등라인, 잔디

최명옥 作

2014년 코리아플라워대회 출전작품

⁘ 금속테이프, 소나무, 연 잎, 컬러와이어(금색), 다알리아, 연밥, 호랑이눈반다란, 그린석죽

정해원 作

2015년 코리아플라워대회 출전작품(금상)

⁘ 글로리오사, 틸란데시아, 금속봉

김경자 作

2006년 코리아플라워대회 출전작품(금상)

∷ 마디초, 한지, 자리공, 남천, 디디스커스, 다알리아, 스틸그라스, 고목, 호접란, 댕댕이덩쿨, 호접란

부록

Appendix

한국산업인력공단 시행

화훼장식기사 실기 출제기준

직무분야	농림어업	중직무분야	농업	자격종목	화훼장식기사	적용기간	2016.1.1.~2020.12.31.

○ 직무내용 : 화훼식물을 이용하여 실내·외 공간의 기능성과 미적 효과가 높은 장식물의 계획, 구상, 디자인, 제작, 유지 및 관리하는 직무 수행

○ 수행준거 : 1. 화훼장식물의 종류를 알고 용도에 맞게 활용할 수 있다.
2. 화훼장식물의 관리법을 숙지하고 활용할 수 있다.
3. 화훼장식 산업 및 경영에 대하여 이해할 수 있다.
4. 절화를 사용하여 절화류 화훼장식물을 만들 수 있다.
5. 분식물을 사용하여 분식물류 화훼장식물을 만들 수 있다.
6. 가공소재를 사용하여 화훼장식물을 만들 수 있다.
7. 화훼장식물을 활용하여 공간장식을 할 수 있다.

실기검정방법	복합형	시험시간	필답형 1시간, 작업형 2시간 정도

실기과목명	주요항목	세부항목	세세항목
화훼장식 디자인 실무	1. 화훼장식 및 유통경영	1. 화훼장식 재료 및 형태	1. 화훼의 학명, 일반명 및 특징을 알고 종류별로 분류할 수 있다. 2. 식물의 구조와 기능을 알고 장식에 활용할 수 있다. 3. 식물의 형태와 용도를 알고 장식에 활용할 수 있다. 4. 식물의 종류별 화색과 향기를 알고 장식에 활용할 수 있다. 5. 검수된 재료를 종류, 크기, 형태별 등으로 분류할 수 있다.
		2. 화훼품질 유지 및 관리	1. 절화의 생리를 이해하고 절화 보존방법을 알고 장식에 활용할 수 있다. 2. 분식물의 종류와 특성을 이해하고 장식에 활용할 수 있다. 3. 가공소재의 환경조절 및 취급방법을 알고 장식에 활용할 수 있다. 4. 절화장식물 수명유지를 위해 물올림을 처리할 수 있다. 5. 분화장식물 수명유지를 위해 수분공급을 할 수 있다. 6. 가공화장식물 수명유지를 위해 보관방법을 선택하여 처리할 수 있다.

실기과목명	주요항목	세부항목	세세항목
		3. 화훼장식 및 디자인	1. 화훼장식의 디자인 과정을 알아야 한다. 2. 화훼장식에 사용되는 디자인 요소와 원리를 알고 이를 적용할 수 있다. 3. 용도에 맞는 화훼장식물을 상황에 맞게 표현하고 디자인할 수 있다.
		4. 화훼유통 및 경영	1. 화훼식물의 품질기준을 알고 평가 후 적용할 수 있다. 2. 화훼유통에 대한 전문지식을 가지고 활용할 수 있다. 3. 화원경영에 대한 지식을 가지고 실무에 활용할 수 있다. 4. 화훼장식과 관련된 법률을 알고 실무에 적용할 수 있다.
	2. 화훼장식물 제작	1. 절화장식	1. 용도와 요구사항에 맞게 조형기법과 제작기술을 적용하여 꽃꽂이(동·서양식)를 제작할 수 있다. 2. 용도와 요구사항에 맞게 조형기법과 제작기술을 적용하여 꽃다발을 제작할 수 있다. 3. 용도와 요구사항에 맞게 조형기법과 제작기술을 적용하여 꽃바구니를 제작할 수 있다. 4. 용도와 요구사항에 맞게 조형기법과 제작기술을 적용하여 신부화를 제작할 수 있다. 5. 용도와 요구사항에 맞게 조형기법과 제작기술을 적용하여 리스(wreath)를 제작할 수 있다. 6. 용도와 요구사항에 맞게 조형기법과 제작기술을 적용하여 갈란드(garland)를 제작할 수 있다. 7. 용도와 요구사항에 맞게 조형기법과 제작기술을 적용하여 기타 장식을 제작할 수 있다.
		2. 분식물장식	1. 용기와 식물의 종류에 적합한 디쉬가든을 제작할 수 있다. 2. 용기와 식물의 종류에 적합한 테라리움을 제작할 수 있다. 3. 공간에 맞는 공중걸이분을 제작 및 설치할 수 있다. 4. 용도와 요구사항에 맞게 토피어리를 제작할 수 있다. 5. 착생식물의 특성을 이해하고 용도와 요구사항에 맞는 장식물을 제작할 수 있다. 6. 수경재배용 식물의 특성을 이해하고 용도와 요구사항에 맞는 장식물을 제작할 수 있다.
		3. 공간장식	1. 목적 및 용도를 이해하고 공간분석에 따라 적합한 디스플레이를 할 수 있다. 2. 목적 및 용도를 이해하고 공간 분석에 따라 적합한 절화장식을 할 수 있다. 3. 목적 및 용도를 이해하고 공간 분석에 따라 적합한 분식물 장식을 할 수 있다. 4. 목적 및 용도를 이해하고 공간분석에 따라 적합한 화훼가공품을 할 수 있다.

한국산업인력공단 시행

화훼장식기능사 실기 출제기준

직무분야	농림어업	중직무분야	농업	자격종목	화훼장식기능사	적용기간	2016.1.1.~2020.12.31.

○ 직무내용 : 화훼식물을 이용하여 실내·외 공간의 기능성과 미적효과가 높은 장식물의 계획, 구상, 디자인, 제작, 유지 및 관리하는 직무 수행

○ 수행준거 : 1. 화훼장식물의 종류를 알고 용도에 맞게 활용할 수 있다.
2. 화훼장식물의 관리법을 숙지하고 활용할 수 있다.
3. 절화를 사용하여 절화류 화훼장식물을 만들 수 있다.
4. 분식물을 사용하여 분식물류 화훼장식물을 만들 수 있다.
5. 가공소재를 사용하여 화훼장식물을 만들 수 있다.
6. 화훼장식물을 활용하여 공간장식을 할 수 있다.

실기검정방법	작업형	시험시간	2시간 정도

실기과목명	주요항목	세부항목	세세항목
화훼장식 작업	1. 화훼장식물 제작	1. 꽃꽂이 제작하기	1. 꽃꽂이에 필요한 생화를 준비하여 주어진 디자인에 맞게 전처리할 수 있다. 2. 장식에 필요한 부재료를 준비할 수 있다. 3. 절화 장식물 작업 준비를 할 수 있다. 4. 분화 장식물 작업 준비를 할 수 있다. 5. 화훼장식물의 제작기법을 적용하여 꽃꽂이를 할 수 있다.
		2. 꽃다발 제작하기	1. 꽃다발에 필요한 생화를 준비하여 주어진 디자인에 맞게 전처리할 수 있다. 2. 장식에 필요한 부재료를 준비할 수 있다. 3. 화훼장식물의 제작기법을 적용하여 꽃다발을 제작할 수 있다.
		3. 꽃바구니 제작하기	1. 꽃바구니에 필요한 생화를 준비하여 주어진 디자인에 맞게 전처리할 수 있다. 2. 장식에 필요한 부재료를 준비할 수 있다. 3. 화훼장식물의 제작기법을 적용하여 꽃바구니를 제작할 수 있다.

실기과목명	주요항목	세부항목	세세항목
		4. 테이블 장식물 제작하기	1. 테이블장식에 필요한 생화를 준비하여 디자인에 맞게 전처리할 수 있다. 2. 장식에 필요한 부재료를 준비할 수 있다. 3. 화훼장식물의 제작기법을 적용하여 테이블장식을 제작할 수 있다.
		5. 신부화 제작하기	1. 신부화에 필요한 생화를 준비하여 주어진 디자인에 맞게 전처리할 수 있다. 2. 장식에 필요한 부재료를 준비할 수 있다. 3. 조형형태에 맞게 적절한 제작기법을 적용하여 신부화를 만들 수 있다. 4. 손잡이 부분의 마무리를 철저히 할 수 있다. 5. 코사지와 부토니어를 만들 수 있다.
		6. 식물심기 작업하기	1. 식물심기에 관한 사항을 이해하고 제작할 수 있다.
		7. 기타 화훼장식물 제작하기	1. 기타 화훼장식물에 관한 사항을 이해하고 제작할 수 있다. 2. 가공화 장식물 작업 준비를 할 수 있다. 3. 가공화 장식물을 제작할 수 있다.
	2. 제작 후 정리	1. 주변정리하기	1. 화훼장식물 제작 후 남은 재료는 상황에 따라서 폐기하거나 재정리하여 보관할 수 있다.

한국산업인력공단 시행

국가기술자격 실기시험 공개문제

자격종목	화훼장식기능사	작품명	화훼 장식 디자인 실무

※시험시간 : 2시간 정도(신부화 : 70분, 기타 작품 : 1시간 정도)

시험 내용 :

1) 실기시험 방법 :
화훼장식디자인 관련 작업 내용으로 꽃꽂이, 꽃다발, 꽃바구니, 테이블장식, 신부장식, 식물심기, 기타 화훼장식에 활용될 수 있는 작업을 실시한다.

2) 과제범위 :
화훼장식기능사의 실기시험은 2개의 과제로 구성되며, 1과제는 공개된 신부부케에서, 2과제는 위에서 제시된 꽃꽂이, 꽃다발, 꽃바구니, 테이블장식, 신부장식, 식물심기 등의 분야별로 선별된 과제에서 실시한다.

과제는 제시된 요구사항 (조형형태, 사용재료, 기타 제한 조건)에 맞게 생화 및 부소재 등을 활용하여 과제별 제한시간에 화훼장식 작업을 완성한다.

3) 주요 채점 기준 :
화훼장식 작업의 결과물에 대한 평가가 이루어지며, 주요 평가기준은 조형적인 면과 기술적인 면에 대한 것으로 한다.

한국산업인력공단 시행

국가기술자격 실기시험 공개문제

자격종목	화훼장식기능사	작품명	꽃꽂이, 꽃바구니, 꽃다발 화형

※시험시간 : 1시간 정도

시험 내용 :

번 호	과 제 명	화 형
1	동양 - 직립형 (바로세운형)	
2	경사형(기울인형)	
3	하수형(흘러내리는형)	
4	서양 - 삼각형 (Triangular style)	일방형
5	비대칭삼각형 (asymmetrical triangular style)	일방형
6	역 T형 (Inverted T style)	일방형
7	L형 (L style)	일방형
8	수평형 (Horizontal style)	사방형
9	초승달형 (Crescent style)	일방형
10	반구형 (Dome style)	사방형
11	원추형 (Cone style)	사방형
12	부채형 (Fan style)	일방형
13	수직형 (Vertical style)	일방형
14	S커브형 (S curve style)	일방형
15	스프레이형 (Spray style)	사방형
16	평행형 (Parallel style)	기본형
17	원형 꽃다발 (Round style)	사방형
18	원추형 꽃다발 (Cone style)	사방형
19	활형 꽃다발 (Bow style)	사방형
20	수평형 꽃다발 (Horizontal style)	사방형

한국산업인력공단 시행

국가기술자격 실기시험 공개문제

자격종목	화훼장식기능사	작품명	초승달형(Crescent style) 신부화

※ 신부화 작업시간 : 70분

1. 요구사항

1) 제시된 재료와 다음 조건으로 신부장식용 신부부케를 제작하시오.

가. 작품의 형태는 비대칭 초승달형으로 제작하시오.

나. 구조물을 제작하여 작품을 완성하시오.

다. 반드시 와이어링 기법을 사용해야 하며, 손잡이의 각도는 수직으로 하시오.

라. 자연줄기를 이용하여 제작하시오.

마. 165cm 정도 키의 신부에게 어울리는 크기를 제작하시오.

바. 작품 제작을 위해 준비된 생화는 종류별로 모두 사용하되, 사용량은 전체 소재 70% 이상 되도록 하시오.

(단, 지참재료 중 철사(와이어) 종류의 사용량은 제한이 없으며, 적합한 용도에 맞게 사용하시오.)

※ 누드철사의 경우 신부부케용으로만 사용하시오.

※ 공개되어진 지참재료인 생화 및 사용재료들은 수험자가 모두 지참하며, 시중판매용으로 지참하시오.

일련번호	지참재료	규격	단위	수량	비고
1	장미	흰색 또는 분홍색 계열	단	2	
2	아이비 잎		묶음	1	
3	마디초		단	2	
4	유칼립투스		단	1	
5	스프레이 카네이션	흰색 또는 분홍색 계열	단	1	대체 : 리시안서스
6	루모라고사리		단	1	
7	누드철사	#18, 20, 22, 24, 26	각각 묶음	1	단, #18 철사의 경우 길이 70cm
8	오간디 리본	폭 3cm 정도X길이 2m, 아이보리색 또는 핑크색	개	1	
9	플로랄테이프	그린색	개	1	너비는 자유
10	지철사	#27, 길이35cm 정도		약간	1, 2과제 공통 (묶음용)

한국산업인력공단 시행

국가기술자격 실기시험 공개문제

자격종목	화훼장식기능사	작품명	폭포형(Cascade style) 신부화

※ 신부화 작업시간 : 70분

1. 요구사항

1) 제시된 재료와 다음 조건으로 신부장식용 신부부케를 제작하시오.

가. 작품의 형태는 폭포형으로 제작하시오.

나. 구조물을 제작하지 않고 작품을 완성하시오.

다. 반드시 와이어링 기법을 사용해야 하며, 손잡이의 각도는 수직으로 하시오.

라. 자연줄기를 이용하여 제작하시오.

마. 165cm 정도 키의 신부에게 어울리는 크기를 제작하시오.

바. 작품 제작을 위해 준비된 생화는 종류별로 모두 사용하되, 사용량은 전체 소재 70% 이상 되도록 하시오.

(단, 지참재료 중 철사(와이어) 종류의 사용량은 제한이 없으며, 적합한 용도에 맞게 사용하시오.)

※ 누드철사의 경우 신부부케용으로만 사용하시오.

※ 공개되어진 지참재료인 생화 및 사용재료들은 수험자가 모두 지참하며, 시중판매용으로 지참하시오.

일련번호	지참재료	규격	단위	수량	비고
1	장미	흰색 또는 분홍색 계열	단	2	
2	아이비 잎		묶음	1	
3	마디초		단	2	
4	유칼립투스		단	1	
5	스프레이 카네이션	흰색 또는 분홍색 계열	단	1	대체 : 리시안서스
6	루모라고사리		단	1	
7	누드철사	#18, 20, 22, 24, 26	각각 묶음	1	단, #18 철사의 경우 길이 70cm
8	오간디 리본	폭 3cm 정도X길이 2m, 아이보리색 또는 핑크색	개	1	
9	플로랄테이프	그린색	개	1	너비는 자유
10	지철사	#27, 길이35cm 정도		약간	1, 2과제 공통 (묶음용)

국가기술자격 실기시험 공개문제

자격종목	화훼장식기능사	작품명	삼각형(Triangular style) 신부화

※ 신부화 작업시간 : 70분

1. 요구사항

1) 제시된 재료와 다음 조건으로 신부장식용 신부부케를 제작하시오.

가. 작품의 형태는 부등변 삼각형으로 제작하시오.
나. 구조물을 제작하지 않고 작품을 완성하시오.
다. 반드시 와이어링 기법을 사용해야 하며, 손잡이의 각도는 수직으로 하시오.
라. 자연줄기를 이용하여 제작하시오.
마. 165cm 정도 키의 신부에게 어울리는 크기를 제작하시오.
바. 작품 제작을 위해 준비된 생화는 종류별로 모두 사용하되, 사용량은 전체 소재 70% 이상 되도록 하시오.
(단, 지참재료 중 철사(와이어) 종류의 사용량은 제한이 없으며, 적합한 용도에 맞게 사용하시오.)

※ 누드철사의 경우 신부부케용으로만 사용하시오.
※ 공개되어진 지참재료인 생화 및 사용재료들은 수험자가 모두 지참하며, 시중판매용으로 지참하시오.

일련번호	지참재료	규격	단위	수량	비고
1	장미	흰색 또는 분홍색 계열	단	2	
2	아이비 잎		묶음	1	
3	마디초		단	2	
4	유칼립투스		단	1	
5	스프레이 카네이션	흰색 또는 분홍색 계열	단	1	대체 : 리시안서스
6	루모라고사리		단	1	
7	누드철사	#18, 20, 22, 24, 26	각각 묶음	1	단, #18 철사의 경우 길이 70cm
8	오간디 리본	폭 3cm 정도X길이 2m, 아이보리색 또는 핑크색	개	1	
9	플로랄테이프	그린색	개	1	너비는 자유
10	지철사	#27, 길이35cm 정도		약간	1, 2과제 공통 (묶음용)

국가기술자격 실기시험 공개문제

자격종목	화훼장식기능사	작품명	원형(Round style) 신부화

※ 신부화 작업시간 : 70분

1. 요구사항

1) 제시된 재료와 다음 조건으로 신부장식용 신부부케를 제작하시오.

가. 작품의 형태는 현대적 분위기의 원형으로 제작하시오.

나. 구조물을 제작하여 작품을 완성하시오.

다. 반드시 와이어링 기법을 사용해야 하며, 손잡이의 각도는 수직으로 하시오.

라. 자연줄기를 이용하여 제작하시오.

마. 165㎝ 정도 키의 신부에게 어울리는 크기를 제작하시오.

바. 작품 제작을 위해 준비된 생화는 종류별로 모두 사용하되, 사용량은 전체 소재 70% 이상 되도록 하시오.

(단, 지참재료 중 철사(와이어) 종류의 사용량은 제한이 없으며, 적합한 용도에 맞게 사용하시오.)

※ 누드철사의 경우 신부부케용으로만 사용하시오.

※ 공개되어진 지참재료인 생화 및 사용재료들은 수험자가 모두 지참하며, 시중판매용으로 지참하시오.

일련번호	지참재료	규격	단위	수량	비고
1	장미	흰색 또는 분홍색 계열	단	2	
2	아이비 잎		묶음	1	
3	마디초		단	2	
4	유칼립투스		단	1	
5	스프레이 카네이션	흰색 또는 분홍색 계열	단	1	대체 : 리시안서스
6	루모라고사리		단	1	
7	누드철사	#18, 20, 22, 24, 26	각각 묶음	1	단, #18 철사의 경우 길이 70cm
8	오간디 리본	폭 3cm 정도X길이 2m, 아이보리색 또는 핑크색	개	1	
9	플로랄테이프	그린색	개	1	너비는 자유
10	지철사	#27, 길이35cm 정도		약간	1, 2과제 공통 (묶음용)

국가기술자격 실기시험 공개문제

자격종목	화훼장식기능사	작품명	화훼 장식 디자인 실무

2. 수험자 유의사항

1) 시험시작 전 문제지 및 지급재료의 이상여부를 반드시 확인하고 이상이 있을 시에는 감독위원에게 보고 후 조치를 받은 다음 수험에 임합니다.
2) 시험문제와 관련된 질문사항은 시험시작 전에 하고 시험 진행 중에는 절대 질문할 수 없습니다.
3) 테이블 위에는 작업에 필요한 재료나 공구만 놓을 수 있습니다.
4) 문제지의 사용재료와 지급재료 이외에 재료 사용은 일제히 금하며, 사용시 불이익이 있을 수 있습니다.
5) 지급재료 및 지참재료는 1과제 시행 15분 전에 과제별로 표기된 량을 배분 및 손질합니다.
6) 감독위원은 지참재료의 종류 및 수량을 확인하고, 사전에 손질된 재료나 작품을 지참하였는지 검수하오니 수험자는 반드시 적극 협조하여야 합니다.
7) 생화재료의 손질범위는 꽃잎, 잎 또는 가시 등을 제거하는 것으로, 가시제거기의 사용은 가능하나 가위나 칼을 사용하여 재료를 절단하는 행위 및 손으로 찢는 행위는 허용되지 않습니다.
8) 수험자는 과제에 따라 주어진 시간 내에 제시된 과제별로 작품을 제작합니다.
9) 완성된 작품은 지정된 장소에 이동시키고 1과제 종료 후 모든 수험자가 동시에 다음 과제를 연속해서 시행합니다.
10) 1과제 신부화는 부케스텐드를 사용하지 않으므로 지정된 책상 또는 전시테이블에 주의하여 올려놓습니다.
11) 작품 제작과정에서 소재를 다루는 태도 및 도구 사용의 적합도 등이 감독위원에 의해 채점됩니다.
12) 수험자는 작업테이블 주변을 깨끗이 정리하여야 하며, 주변정리 또한 채점에 반영되고, 정리가 끝나면 본부요원의 지시 통제 아래 퇴실합니다.
13) 작품 제작 후 남은 생화 등의 소재는 절단하여 폐기하지 않고 수험자가 가져갑니다.
14) <u>다음과 같은 경우에는 채점대상에서 제외합니다.</u>
    - <u>가) 지급 및 지참재료 이외에 다른 소재를 임의 사용하여 표지 · 표식에 의한 부정행위로 간주될 경우</u>
      (단, 지참재료를 구할 수 없어 수험자가 임의로 대체 재료를 지참한 경우 감독위원의 사전 승인을 받은 후 사용해야하며, 감점처리 됨)
    - <u>나) 사전에 손질된 재료나 작품을 지참 또는 교체하여 부정행위로 간주될 경우</u>
      <u>(모든 재료는 시중에 판매되는 상태로 지참하여야 함)</u>
    - <u>다) 각 과제별로 제한 시간 내에 작품을 제출하지 않거나 미완성으로 제출한 경우</u>
15) 화훼장식 기능사 종목을 응시한 수험자는 통신기기(휴대폰, pda, 디지털카메라 등)의 전원을 꺼서 본부요원에게 제출하고, 수험이 완료된 자에 한하여 찾아 퇴실토록 합니다.
16) 수험이 시작되면 수험자는 과제가 완료되기 전까지 중간퇴실 할 수 없습니다.
17) 채점이 완료된 작품은 희망자에 한해 해체하여 가져갈 수 있고, 남은 것은 폐기물로 분류해서 처리합니다.

자격검정별 평가기준

A to Z

1. 한국산업인력공단 자격검정시 채점 방법

화훼장식의 채점은 감독위원이 행하며, 2명의 감독위원이 합의채점한다. 평가기준은 기술적인 면과 조형적인 면으로 각각 평가한다.

(1) 기술적인 면

- 조형물의 견고성
- 작품의 신선도 : 요구사항의 준수
- 소재의 활용도 : 양, 종류 등
- 신부화인 경우 : 신부화의 무게, 손잡이 마무리 등

(2) 조형적인 면

- 요구사항에 따른 조형 형태
- 색채의 조화 및 구성
- 전체적인 비율 : 배율, 균형, 리듬 등
- 작품의 마무리와 주변 정리 등

2. 기능경기대회 평가시 채점 방법

(1) 평가 항목

- 시대적인가 : 새로운 기법의 도입 여부
- 식물 개별의 특성을 고려하였는가 : 식물의 운동성 활용
- 가벼운 느낌과 균형감을 살렸는가 : 균형의 여부
- 소재 간의 질감(표면구조)의 대비가 되었는가
- 색상의 이용은 어떻게 하였는가 : 색상의 배분
- 활용이 가능한 작품인가 : 대중화와 상품성의 고려
- 창의성의 유무
- 적절한 시간 활용을 하였는가 : 시간의 활용 능력

(2) 채점기준표

기능경기대회의 채점기준은 과목별로 다를 수 있으므로 참고용으로 보시기 바랍니다.

항 목	내 용
구 성	형태, 형식, 구조적인 방법, 재료의 사용과 선택(형태, 질감, 대조, 리듬, 운동감, 부피감), 재료의 존중, 비율, 시각적 균형, 우월성
색 상	색상의 비율, 색상 이용의 우월성, 색상을 통한 아이디어의 표현, 색상 구성, 톤, 음영, 농담(틴트), 색상의 가치, 색상의 배치
창의성	독창성(신선미, 창의성, 긴장감), 독특함, 주어진 과제의 해석 능력, 선택한 소재의 디자인 능력
기술능력	깔끔함, 적합함, 기술 내용, 작업의 안정성

참고문헌

화훼장식실용사전 편찬위원회, 『화훼장식 실용사전』, 도서출판 인아
『정통 유러피안 플라워디자인 교재』, 도서출판 청아
한국우리꽃예술연구회, 『한국꽃꽂이』, 도서출판 SAY
『실내 조경학』, 도서출판 조경
이화은 외 공저, 『화훼장식론 이론 및 표현 실습』, 서울:우림출판문화원
사단법원 한국꽃예술작가협회, 『화훼장식 A to Z Design』, 서울:KDBook
고하수, 『전통을 이어가는 한국 화예』, 하수출판사
김장미, 『화훼장식 기초이론과 실제』, 도서출판 Top
『화훼장식 디자인 및 제작론』, 위즈밸리

김정희와 함께하는

플라워 디자인

초판 발행 2018년 3월 12일
지은이 김정희
펴낸이 김정희
편 집 김순자
사 진 보타닉갤러리, 디토스튜디오 이성일
주 소 서울 강남구 도곡동 955-20 / 남부순환로359길 15
전 화 02-578-3383
팩 스 02-579-3383
신고번호 제2010-000150호
ISBN 978-89-964534-8-2 03480

잘못된 책은 구입하신 서점에서 교환해 드립니다.
책값은 뒤표지에 표시되어 있습니다.

홈페이지 www.botanicgallery.co.kr
블 로 그 blog.naver.com/botanicgallery
이 메 일 botanicgallery@naver.com